Graiméar an Draoi

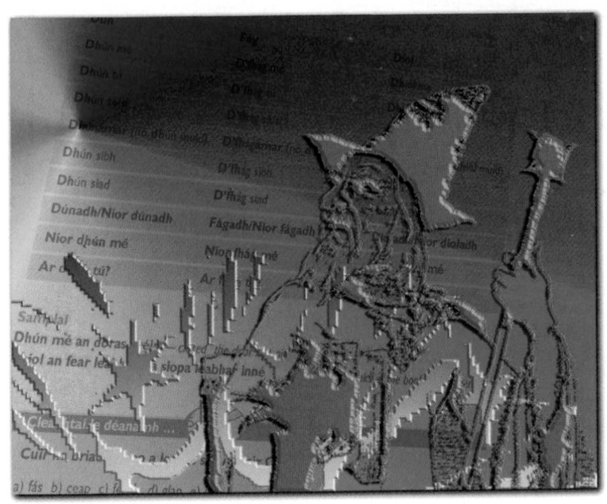

Elizabeth Wade agus Yvonne O'Toole

AN COMHLACHT OIDEA[illegible]IS

Arna fhoilsiú ag
An Comhlacht Oideachais
Bóthar Bhaile an Aird
Baile Átha Cliath 12

Ball den Smurfit Kappa Group

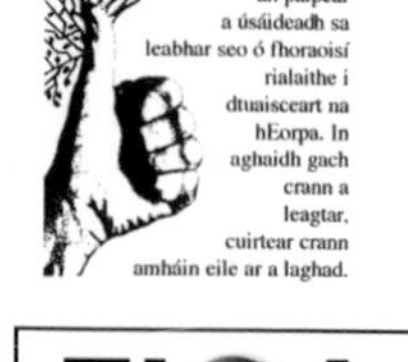

Clóchur: Graham and Stapleton Design Consultants

Obair ealaíne: Barbara Nolan

Clúdach: Graham and Stapleton Design Consultants

Táimid faoi chomaoin ag Imagefile a thug cead dúinn grianghraif dá gcuid a atáirgeadh.

Clóbhualadh: Future Print Ltd.

4 5 6 7 8 9

Air 7212S

Réamhrá

- Leabhar tarraingteach cuimsitheach é seo ina gclúdaítear na mórghnéithe de ghramadach na Gaeilge. Tá na rialacha gramadaí mínithe ann, mar aon le neart samplaí agus ceachtanna.

- 'Cleachtadh a dhéanann máistreacht' agus tá na céadta ceacht ann le cabhair a thabhairt do na daltaí dul i ngleic leis na rialacha gramadaí.

- Tá an leabhar feiliúnach do gach leibhéal agus bliain, dóibh siúd a bhfuil cúpla bliain caite acu ag foghlaim na Gaeilge agus do na daltaí atá ag tabhairt faoin Ardteist.

Clár

CAIBIDIL 1 - An Aimsir Chaite

Na Briathra

Tá trí ghrúpa de na briathra ann...

1. an chéad réimniú,
2. an dara réimniú agus
3. na Briathra Neamhrialta

An Chéad Réimniú

Baineann briathra le siolla amháin sa fhréamh (eg **dún, caith, ól, scríobh**) nó briathra le níos mó ná siolla amháin sa fhréamh a bhfuil síneadh fada sa siolla deireanach (eg **úsáid, sábháil)** leis an gCéad Réimniú

An Dara Réimniú

Baineann briathra le níos mó ná siolla amháin sa fhréamh (eg **ceannaigh, oibrigh, oscail**) leis an Dara Réimniú

An Aimsir Chaite

Úsáideann tú an Aimsir Chaite nuair atá tú ag caint faoi rudaí atá thart, mar shampla:

-inné

-arú inné

-ar maidin

-aréir

-an tseachtain seo caite

-bliain ó shin

-anuraidh

-an mhí seo caite

-an samhradh seo caite

-cúpla nóiméad ó shin

Briathar leathan

Rialacha le foghlaim

(briathar a chríochnaíonn le consan leathan; consan leathan
is ea consan le ceann de na gutaí ***a, o*** nó ***u*** roimhe)
cuir séimhiú ar chonsan;
d' roimh ghuta nó f

Dún	**Fág**	**Díol**
Dhún me	**D'fh**ág mé	**Dh**íol mé
Dhún tú	**D'fh**ág tú	**Dh**íol tú
Dhún sé/sí	**D'fh**ág sé/sí	**Dh**íol sé/sí
Dhúnamar (nó **dh**ún muid)	**D'fhágamar** (nó **d'fh**ág muid)	**Dh**í**olamar** (nó **dh**íol muid)
Dhún sibh	**D'fh**ág sibh	**Dh**íol sibh
Dhún siad	**D'fh**ág siad	**Dh**íol siad
Dúnadh/Níor dúnadh	**Fágadh/Níor fágadh**	**Díoladh/Níor díoladh**
Níor dhún mé	**Níor fhág mé**	**Níor dhíol mé**
Ar dhún tú?	**Ar fhág tú?**	**Ar dhíol tú?**

Samplaí
Dhún mé an doras aréir – *I closed the door last night*
Dhíol an fear leabhair sa siopa leabhar inné – *The man sold books in the bookshop yesterday*

Cleachtaí le déanamh ...

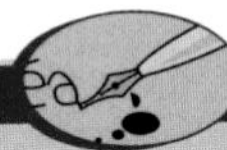

1) **Cuir na briathra seo a leanas san Aimsir Chaite**

a) fás b) ceap c) féach d) glan e) íoc

2) **Cuir na briathra seo a leanas san Aimsir Chaite**

a) leag b) scuab c) cíor d) geall e) iarr

3) Cuir na briathra seo a leanas in abairtí:

a) d'fhéach sé ____________________

b) phós sí ____________________

c) gealladh ____________________

d) ghearr siad ____________________

e) scríobh tú ____________________

4) Scríobh amach na habairtí seo a leanas san Aimsir Chaite:

a) (Scríobh) ________________ sí ina cóipleabhar ar scoil inné.

b) (Féach) ______________ sé ar an gclár sin Dé Luain seo caite.

c) (Fág) ______________ mé an teach ag a hocht aréir.

d) (Glan) ______________ siad an teach arú inné.

e) (Scuab) ______________ sé an t-urlár mar go raibh sé salach.

5) Scríobh amach na habairtí seo a leanas san Aimsir Chaite:

a) (Ceap) ___________ sé go raibh sé go hiontach mar go raibh a lán airgid aige.

b) (Féach: mé) ___________ ar Eastenders aréir.

c) (Fág) ___________ sí an teach ag a hocht ar maidin agus (rith) ___________ sí ar scoil.

d) (Tóg) ______________ an bus na páistí ar scoil nuair a bhí sé ag cur báistí.

e) Níor (ól: mé) ___________ bainne riamh mar gur fuath liom é.

6) Scríobh amach na habairtí seo a leanas san Aimsir Chaite:

a) Níor (íoc) ___________ mo chara as aon rud riamh.

b) (Coimeád) ________________ an múinteoir na daltaí dána siar Dé hAoine seo caite.

c) (Siúil) ______________ mé ar scoil inné.

d) (Cíor) ______________ sí a cuid gruaige ar maidin.

e) (Lean) ______________ mo mhadra mé chun na scoile inné.

An Aimsir Chaite – An Chéad Réimniú

Briathar caol

Rialacha le foghlaim 

(briathar a chríochnaíonn le consan caol; consan caol is ea consan le ceann de na gutaí *i* nó **e** roimhe)

cuir séimhiú ar chonsan; d' roimh ghuta nó f

Fill	**Bris**	**Úsáid**
D'fhill mé	**Bh**ris mé	**D'ú**sáid mé
D'fhill tú	**Bh**ris tú	**D'ú**sáid tú
D'fhill sé/sí	**Bh**ris sé/sí	**D'ú**sáid sé/sí
D'fhilleamar (nó **d'fh**ill muid)	**Bh**r**iseamar** (nó **bh**ris muid)	**D'usáideamar** (nó **d'ú**sáid muid)
D'fhill sibh	**Bh**ris sibh	**D'ú**sáid sibh
D'fhill siad	**Bh**ris siad	**D'ú**sáid siad
Filleadh/Níor filleadh	**Briseadh/Níor briseadh**	**Úsáideadh/Níor úsáideadh**
Níor fhill mé	**Níor bhris** mé	**Níor úsáid** mé
Ar fhill tú?	**Ar bhris** tú?	**Ar úsáid** tú?

Samplaí

D'fhill mé abhaile ón scoil ag a cúig inné – *I returned home from school at five yesterday*

D'úsáid sí a peann ar maidin – *She used her pen this morning*

Cleachtaí le déanamh ... 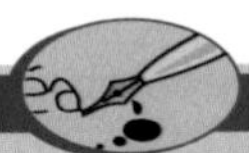

1) **Cuir na briathra seo a leanas san Aimsir Chaite:**

a) éist b) léim c) tuill d) caill e) cuir

2) **Cuir na briathra seo a leanas san Aimsir Chaite:**

a) caith b) rith c) buail d) teip e) bain

3) **Cuir na briathra seo a leanas in abairtí:**

a) d'úsáid sé ________________

b) rith sí ________________

c) caitheadh ________________________

d) thuill siad ____________________

e) d'éist tú __________________________

4) **Scríobh amach na habairtí seo a leanas san Aimsir Chaite:**

a) (Éist) ______________ sí leis an múinteoir ar scoil inné.

b) (Buail) ______________ sé lena chara Dé Domhnaigh seo caite.

c) (Fill) ______________ mé ar an teach ag a cúig inné.

d) (Tuill) ____________ siad a lán airigid an deireadh seachtaine seo caite.

e) (Caill) ____________ sé an cluiche peile cúpla Satharn ó shin.

5) **Scríobh amach na habairtí seo a leanas san Aimsir Chaite:**

a) (Buail) ______________ mé le mo chairde an Satharn seo caite.

b) (Lig) ____________ mo mháthair dom fáinne a chur i mo theanga!

c) (Caith) ______________ mo Dhaid toitíní anuraidh.

d) (Goid) ____________ na buachaillí úlla sa ghairdín sin an samhradh seo caite.

e) Níor (sroich) __________ an buachaill sin an scoil in am riamh.

6) **Scríobh amach na habairtí seo a leanas san Aimsir Chaite:**

a) (Bain: sinn) ____________ taitneamh as ár laethanta saoire anuraidh.

b) (Mill) ______________ mo mháthair mo shaol mar nár (lig) ____________ sí dom dul chuig an dioscó.

c) (Cuir) ______________ mé fearg ar m'athair mar bhí mé déanach.

d) (Mill) ____________ mo dheartháir mo shaol mar bhí sé ag troid liom inné agus (stróic) __________ sé mo ghúna.

e) (Caill) ______________ mo chara a fón siúil inné.

Briathra eile sa Chéad Réimniú

Léigh	**Suigh**	**Taispeáin**
Léigh mé	**Sh**uigh mé	**Th**aispeáin mé
Léigh tú	**Sh**uigh tú	**Th**aispeáin tú
Léigh sé/sí	**Sh**uigh sé/sí	**Th**aispeáin sé/sí
Lé**amar** (nó léigh **muid**)	**Sh**uíomar (nó **shuigh muid**)	**Th**aispeán**amar** (nó **th**aispeáin **muid**)
Léigh sibh	**Sh**uigh sibh	**Th**aispeáin sibh
Léigh siad	**Sh**uigh siad	**Th**aispeáin siad
Léadh/Níor léadh	**Suíodh/Níor suíodh**	**Taispeánadh**
Níor léigh mé	**Níor shuigh** mé	**Níor thaispeáin** mé
Ar léigh tú?	**Ar shuigh** tú?	**Ar thaispeáin** tú?

An Aimsir Chaite – An Dara Réimniú

Rialacha le foghlaim 

Briathar leathan

(eg. **tosaigh, críochnaigh, gortaigh, sleamhnaigh**)

cuir séimhiú ar chonsan

d' roimh ghuta nó f

Tosaigh	**Ceannaigh**	**Críochnaigh**
Thosaigh mé	**Ch**eannaigh mé	**Ch**ríochnaigh mé
Thosaigh tú	**Ch**eannaigh tú	**Ch**ríochnaigh tú
Thosaigh sé/sí	**Ch**eannaigh sé/sí	**Ch**ríochnaigh sé/sí
Thosaíomar (nó **Th**osaigh **muid)**	**Cheannaíomar** (nó **Ch**eannaigh **muid)**	**Ch**ríochn**aíomar** (nó **Ch**ríochnaigh **muid)**
Thosaigh sibh	**Ch**eannaigh sibh	**Ch**ríochnaigh sibh
Thosaigh siad	**Ch**eannaigh siad	**Ch**ríochnaigh siad
Tosaíodh/Níor Tosaíodh	**Ceannaíodh/Níor Ceannaíodh**	**Críochnaíodh/Níor Críochnaíodh**
Níor thosaigh mé	**Níor cheannaigh** mé	**Níor chríochnaigh** mé
Ar thosaigh tú?	**Ar cheannaigh** tú?	**Ar chríochnaigh** tú?

Samplaí

Thosaigh an scoil ag a deich inné
– *School started at ten yesterday*

Chríochnaigh mé m'obair bhaile roimh a hocht aréir – *I finished my homework before eight last night*

Cleachtaí le déanamh ...

1) **Cuir na briathra seo a leanas san Aimsir Chaite:**

a) sleamhnaigh b) cabhraigh c) socraigh

2) **Cuir na briathra seo a leanas san Aimsir Chaite:**

a) gortaigh b) ullmhaigh c) scrúdaigh

3) Cuir na briathra seo a leanas in abairtí:

a) ghortaigh sé ____________________

b) shleamhnaigh an carr ____________________

c) tosaíodh ____________________

d) chríochnaigh siad ____________________

e) scrúdaigh an múinteoir ____________________

4) Scríobh amach na habairtí seo a leanas san Aimsir Chaite:

a) (Ullmhaigh) ________________ sé an dinnéar inné

b) (Gortaigh) ________________ mé mo chos nuair a rith mé.

c) (Tosaigh) ________________ an clár sin ag leathuair tar éis a seacht aréir.

d) (Cabhraigh) ________________ sé lena mháthair go minic an mhí seo caite.

e) (Ceannaigh) ________________ milseáin ar an mbealach abhaile ón scoil inné.

5) Scríobh amach na habairtí seo a leanas san Aimsir Chaite:

a) (Cónaigh) ________________ mo chara thíos faoin tuath anuraidh.

b) (Diúltaigh) ________________ a mháthair aon airgead breise a thabhairt dó.

c) (Mothaigh) ________________ sí brónach nuair a (féach) ________________ sí ar scannán brónach aréir.

d) (Brostaigh: mé) ________________ ar scoil ar maidin mar go raibh mé déanach.

e) (Cabhraigh) ________________ mo mháthair liom le m'obair bhaile.

6) Scríobh amach na habairtí seo a leanas san Aimsir Chaite:

a) (Fiosraigh) ________________ na gardaí an áit mar gur tharla timpiste ann.

b) (Ceartaigh) ________________ an múinteoir na cóipleabhair an tseachtain seo caite.

c) Níor (tosaigh) ________________ an rang sin in am.

d) Is breá liom milseáin agus (roghnaigh) ________________ mé iad nuair a bhí mé sa siopa.

e) (Éalaigh) ________________ an leanbh amach ón teach inné agus (cuardaigh) ________________ a mháthair an áit.

An Aimsir Chaite– An Dara Réimniú

Briathar caol

(eg. **éirigh, dúisigh, cuidigh, bailigh**)

Imigh	**Dúisigh**	**Éirigh**
D'imigh mé	**Dhú**isigh mé	**D'éi**righ mé
D'imigh tú	**Dhú**isigh tú	**D'éi**righ tú
D'imigh sé/sí	**Dhú**isigh sé/sí	**D'éi**righ sé/sí
D'imíomar (nó **d'imigh muid)**	**Dhúisíomar (nó dhú**isigh **muid)**	**D'éiríomar** (nó **d'éi**righ **muid)**
D'imigh sibh	**Dhú**isigh sibh	**D'éi**righ sibh
D'imigh siad	**Dhú**isigh siad	**D'éi**righ siad
Imíodh/Níor imíodh	**Dúisíodh/Níor dúisíodh**	**Éiríodh/Níor éiríodh**
Níor imigh mé	**Níor dhúisigh** mé	**Níor éirigh** mé
Ar imigh tú?	**Ar dhúisigh** tú?	**Ar éirigh** tú?

Samplaí

D'imigh sé abhaile ag a cúig inné – *He went home at five yesterday*

D'éirigh mé ag a seacht a chlog i rith na seachtaine seo caite – *I got up at seven during last week*

Cleachtaí le déanamh ... 

1) **Cuir na briathra seo a leanas san Aimsir Chaite:**

a) bailigh b) cuidigh c) oibrigh

2) **Cuir na briathra seo a leanas san Aimsir Chaite:**

a) cuimhnigh b) éiligh c) impigh

3) Cuir na briathra seo a leanas in abairtí:

a) d'imigh sí ____________________

b) dhúisigh siad ____________________

c) oibríodh ____________________

d) d'éirigh tú ____________________

e) chuimhnigh an fear ____________________

4) Scríobh amach na habairtí seo a leanas san Aimsir Chaite:

a) (Bailigh) ____________ an múinteoir na cóipleabhair inné.

b) (Cuardaigh) ____________ na gardaí an áit an tseachtain seo caite.

c) (Dúisigh) ____________ an leanbh i rith na hoíche aréir.

d) (Cuidigh) ____________ sé lena mháthair inné.

e) (Oibrigh) ____________ siad ó a deich go dtí a cúig an deireadh seachtaine seo caite.

5) Scríobh amach na habairtí seo a leanas san Aimsir Chaite:

a) (Smaoinigh) ____________ sé ar a chara inné mar go raibh a lá breithe ann.

b) Níor (éist) ____________ mé sa rang agus níor (foghlaim) ____________ mé aon rud.

c) (Cóirigh) ____________ sí an leaba ar maidin.

d) (Dúisigh) ____________ siad ag a naoi ach níor (éirigh) ____________ siad go dtí a haon déag.

e) (Bailigh) ____________ sméara dubha an fómhar seo caite.

6) Scríobh amach na habairtí seo a leanas san Aimsir Chaite:

a) (Impigh) ____________ sí ar a máthair airgead a thabhairt di ach níor (géill) ____________ sí riamh.

b) (Oibrigh:mé) ____________ go dian inné.

c) (Caill) ____________ sí a cuid airgid inné agus (aimsigh) ____________ sí é.

d) (Cuimhnigh) ____________ sé ar a sheanmháthair an Nollaig seo caite.

e) Níor (cuidigh: sinn) ____________ lenár dtuismitheoirí mar go rabhamar leisciúil.

An Aimsir Chaite– An Dara Réimniú

Briathra a chríochnaíonn le -ir, -ail, -is, -il

(eg. **imir, oscail, inis**)

Codail	Imir	Freagair
Chodail mé	**D'im**ir mé	**D'fh**reagair mé
Chodail tú	**D'imir** tú	**D'fh**reagair tú
Chodail sé/sí	**D'imir** sé/sí	**D'fh**reagair sé/sí
Chodlaíomar (nó chodail **muid)**	**D'imríomar** (nó d'imir **muid)**	**D'fhreagraíomar** (nó d'fhreagair **muid)**
Chodail sibh	**D'imir** sibh	**D'fh**reagair sibh
Chodail siad	**D'imir** siad	**D'fh**reagair siad
Codlaíodh/Níor codlaíodh	**Imríodh/Níor imríodh**	**Freagraíodh/Níor freagraíodh**
Níor chodail mé	**Níor imir** mé	**Níor fhreagair** mé
Ar chodail tú?	**Ar imir** tú?	**Ar fhreagair** tú?

Chodail sé go sámh aréir – *he slept soundly last night*

D'imir mé leadóg an samhradh seo caite – *I played tennis last summer*

guta leathan = a, o, u

guta caol = i,e

Cleachtaí le déanamh ...

1) **Cuir na briathra seo a leanas san Aimsir Chaite:**

a) oscail b) múscail c) inis

2) **Cuir na briathra seo a leanas san Aimsir Chaite:**

a) ceangail b) aithin c) freastail

3) **Cuir na briathra seo a leanas in abairtí:**

a) d'inis sí ______________________________

b) chodail tú ________________________

c) freagraíodh _______________________

d) d'imir muid ________________________________

e) d'oscail mé ________________

4) **Scríobh amach na habairtí seo a leanas san Aimsir Chaite:**

a) (Freagair) ________________ an múinteoir na ceisteanna ar maidin.

b) (Oscail) ______________ sé an doras aréir.

c) (Ceangail) ________________ na gasóga an téad anuraidh.

d) (Imir) ________________ peil Ghaelach an Satharn seo caite.

e) (Codail) _____________ mé go sámh an deireadh seachtaine seo caite.

5) **Scríobh amach na habairtí seo a leanas san Aimsir Chaite:**

a) Bhí Máire i dtrioblóid mar gur (labhair) _____________ sí an t-am ar fad sa rang.

b) (Taitin) ________________ an teilifís go mór liom.

c) (Freagair) ___________________ sé na ceisteanna go léir mar go raibh sé an-chliste.

d) (Aithin) _______________ mé mo sheanchara nuair a (buail) _______________ mé léi inné.

e) (Múscail) ________________ sí fearg sa mhúinteoir mar go raibh sí ag caint.

6) **Scríobh amach na habairtí seo a leanas san Aimsir Chaite:**

a) Níor (inis) ___________________ sé an fhírinne riamh.

b) (Ceangail) _________________ a mháthair a bhróga dó mar nach raibh sé ach dhá bhliain d'aois.

c) (Bagair) ________________ na gadaithe an garda ag an mbanc inné.

d) (Imir) _____________ siad go maith sa chluiche inné.

e) Níor (codail) _____________ sé go sámh mar go raibh sé róthe.

An Aimsir Chaite – Na Briathra Neamhrialta

Bí	**Abair**
bhí mé	dúirt mé
bhí tú/sé/sí	dúirt tú/sé/sí
bhíomar	dúramar
bhí sibh/siad	dúirt sibh/siad
bhíothas/ní rabhthas	**dúradh/ní dúradh**
ní raibh mé/ní rabhamar	**ní dúirt mé/ní dúramar**
an raibh tú?	**an ndúirt tú?**

Feic	**Faigh**
chonaic mé/tú/sé/sí	fuair mé/tú/sé/sí
chonaiceamar	fuaireamar
chonaic sibh/siad	fuair sibh/siad
chonacthas/ní fhacthas	**fuarthas/ní bhfuarthas**
ní fhaca mé/ní fhacamar	**ní bhfuair mé/ní bhfuaireamar**
an bhfaca tú?	**an bhfuair tú?**

Téigh	**Déan**
chuaigh mé/tú/sé/sí	rinne mé/tú/sé/sí
chuamar	rinneamar
chuaigh sibh/siad	rinne sibh/siad
chuathas/ní dheacthas	**rinneadh/ní dhearnadh**
ní dheachaigh mé/ **ní dheachamar**	**ní dhearna** mé/**ní dhearnamar**
an ndeachaigh tú?	**an ndearna tú?**

Beir	**Clois**
rug mé/tú/sé/sí	chuala mé/tú/sé/sí
rugamar	chualamar
rug sibh/siad	chuala sibh/siad
rugadh/níor rugadh	**chualathas/níor chualathas**
níor rug mé/**níor rugamar**	**níor chuala** mé/**níor chualamar**
ar rug tú?	**ar chuala tú?**

Ith	**Tabhair**
d'ith mé/tú/sé/sí	thug mé/tú/sé/sí
d'itheamar	thugamar
d'ith sibh/siad	thug sibh/siad
itheadh/níor itheadh	**tugadh/níor tugadh**
níor ith mé/níor itheamar	**níor thug mé/níor thugamar**
ar ith tú?	**ar thug tú?**

Tar
tháinig mé/tú/sé/sí
thángamar
tháinig sibh/siad
thángthas/níor thángthas
níor tháinig mé/níor thángamar
ar tháinig tú?

Briathra BAFFTD (bí, abair, feic, faigh, téigh, déan)
Úsáideann siad Ní, nach, an, go san aimsir chaite

Samplaí

ní raibh/nach raibh/an raibh/go raibh

ní dúirt/nach ndúirt/an ndúirt/go ndúirt

ní fhaca/nach bhfaca/an bhfaca/go bhfaca

ní bhfuair/nach bhfuair/an bhfuair/go bhfuair

ní dheachaigh/nach ndeachaigh/an ndeachaigh/go ndeachaigh

ní dhearna/nach ndearna/an ndearna/go ndearna

Cleachtaí le déanamh ...

1) **Cuir na briathra seo a leanas in abairtí:**

a) rinne sé ____________________

b) chonaic mé ____________________

c) bhí sé ____________________

d) níor tháinig sé ____________________

e) chuaigh an chlann ____________________

2) **Cuir na briathra seo a leanas in abairtí:**

a) fuair sé ____________________

b) d'ith muid ____________________

c) níor chuala sé ____________________

d) ar ith sé? ____________________

e) bhí sé ____________________

3) **Scríobh amach na habairtí seo a leanas san Aimsir Chaite:**

a) (Téigh) __________ sé abhaile go luath aréir.

b) (Ní déan) __________ sé a obair bhaile riamh.

c) (Abair) __________ sí go raibh an lá go deas.

d) (Beir) __________ na gardaí ar an ngadaí inné.

e) (Clois) __________ an leanbh a mháthair ag canadh sa ghairdín inné.

4) Scríobh amach na habairtí seo a leanas san Aimsir Chaite:

a) (Ith) ______________ sé bricfeasta mór maidin inné.

b) (Déan) ______________ dearmad ar na cóipleabhair inné.

c) (Tabhair) ______________ mé airgead do na daoine bochta an Nollaig seo caite.

d) (Faigh) ______________ siad a lán obair bhaile an Aoine seo caite.

e) (Téigh) ______________ tú amach le mo chairde aréir.

5) Scríobh amach na habairtí seo a leanas san Aimsir Chaite:

a) (Bí) ______________ sé ag cur báistí inné.

b) (Feic) ______________ sé a chara ar scoil inné agus arú inné.

c) (Faigh: sinn) ______________ a lán obair bhaile an tseachtain seo caite.

d) Ní (téigh) ______________ sé amach lena chairde i rith na seachtaine seo caite.

e) (Déan) ______________ praiseach den obair agus (cuir) ______________ fearg ar an múinteoir.

6) Scríobh amach na habairtí seo a leanas san Aimsir Chaite:

a) Níor (beir) ______________ na gardaí ar na gadaithe in am aréir agus (éalaigh) ______________ siad ón siopa.

b) Níor (tar: mé) ______________ abhaile ón scoil go dtí a ceathair inné.

c) (Clois) ______________ sé an clog aláraim ag bualadh ar maidin.

d) (Téigh) ______________ siad go dtí McDonald's an Aoine seo caite agus (ith) ______________ siad sceallóga ann.

e) (Tabhair: mé) ______________ aire do mo dheartháir óg ag an deireadh seachtaine seo caite mar (téigh) ______________ mo thuismitheoirí amach.

cuir séimhiú ar chonsan;

d' roimh ghuta nó f san aimsir chaite

Ná déan dearmad

Súil Siar

1) **Cuir na briathra seo a leanas san Aimsir Chaite:**

a) creid b) smaoinigh c) tuig d) brostaigh e) oscail

2) **Cuir na briathra seo a leanas san Aimsir Chaite:**

a) imigh b) ól c) fág d) can e) mol

3) **Cuir na briathra seo a leanas san Aimsir Chaite:**

a) téigh b) íoc c) ceannaigh d) buail e) ardaigh

4) **Scríobh amach na habairtí seo a leanas san Aimsir Chaite:**

a) (Ceannaigh) ______________ sé bronntanas dom ar mo lá breithe.

b) (Cabhraigh) ____________ mé le mo mháthair go minic.

c) (Glan) _____________________ an halla ar an Aoine.

d) (Níor creid) ______________________ sé an scéal sin.

e) (Níor oscail) _________________ sé an doras.

5) **Scríobh amach na habairtí seo a leanas san Aimsir Chaite:**

a) (Díol) _________ mé mo sheanleabhair scoile an samhradh seo caite.

b) (Níor tuig) ______________ mé an cheist mar bhí sí deacair.

c) (Brostaigh) ____________ sibh abhaile nuair a thosaigh sé ag cur báistí.

d) (Imir) ______________ mo chara ar fhoireann na scoile anuraidh.

e) (Féach) ____________ sé ar an teilifís aréir.

6) **Scríobh amach na habairtí seo a leanas san Aimsir Chaite:**

a) Ar (cabhraigh) ____________ muintir na hÉireann leis na bochtáin go minic anuraidh?

b) (Cóirigh) _______________ sí an leaba agus (glan) ___________ sí an seomra ar maidin.

c) Nuair a (imir) ___________ Pól peil (bris) ___________ sé a chos.

d) Níor (goid) ____________ airgead agus ansin níor (éalaigh) _____________ siad ón mbanc.

e) (Rith) ______________ sé amach ón teach agus (sroich) ___________ sé an scoil in am.

CAIBIDIL 2
An Aimsir Láithreach

Úsáideann tú an Aimsir Láithreach nuair atá tú ag caint faoi:–

1. **inniu** – na rudaí a dhéanann tú gach lá nó anois
2. rudaí a dhéanann tú **gach** seachtain/gach mí/gach bliain/gach samhradh
3. rudaí a tharlaíonn **go minic**

guta leathan = a, o, u

guta caol = i,e

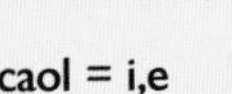

An Aimsir Láithreach – An Chéad Réimniú

Briathar leathan – cuir

-aim	**-ann sibh**
-ann tú	**-ann siad**
-ann sé/sí	**-tar**
-aimid	

leis an bhfréamh

Dún	**Ceap**	**Díol**
Dún**aim**	Ceap**aim**	Díol**aim**
Dún**ann** tú	Ceap**ann** tú	Díol**ann** tú
Dún**ann** sé/sí	Ceap**ann** sé/sí	Díol**ann** sé/sí
Dún**aimid**	Ceap**aimid**	Díol**aimid**
Dún**ann** sibh	Ceap**ann** sibh	Díol**ann** sibh
Dún**ann** siad	Ceap**ann** siad	Díol**ann** siad
Dúntar/Ní dhúntar	**Ceaptar/Ní cheaptar**	**Díoltar/Ní dhíoltar**
Ní dhúnaim	**Ní cheapaim**	**Ní dhíolaim**
An ndúnann tú?	**An gceapann tú?**	**An ndíolann tú?**

Samplaí

Dúnaim an doras gach oíche — *I close the door every night*

Díolann an fear leabhair sa siopa leabhar — *The man sells books in the bookshop*

Cleachtaí le déanamh ...

1) **Cuir na briathra seo a leanas san Aimsir Láithreach:**

a) fás b) fág c) féach d) glan e) íoc

2) **Cuir na briathra seo a leanas san Aimsir Láithreach:**

a) leag b) scuab c) cíor d) geall e) iarr

3) **Cuir na briathra seo a leanas in abairtí:**

a) féachann sé ______________

b) pósann sí ______________

c) geallaimid ______________

d) gearrann siad ______________

e) scríobhann tú ______________

4) **Scríobh amach na habairtí seo a leanas san Aimsir Láithreach:**

a) (Scríobh) ann ✓ sí ina cóipleabhar gach lá ar scoil.

b) (Féach) ann ✓ sé ar an gclár sin gach Luan.

c) (Fág: mé) aim ✓ an teach ag a hocht gach lá.

d) (Glan) ann ✓ siad an teach gach lá.

e) (Scuab) ann ✓ sé an t-urlár gach oíche.

5) **Scríobh amach na habairtí seo a leanas san Aimsir Láithreach:**

a) (Ceap) ann ✓ sé go bhfuil sé go hiontach mar tá a lán airgid aige.

b) (Féach: mé) aim ✓ ar Eastenders gach seachtain.

c) (Fág) ann ✓ sí an teach gach maidin ag a hocht.

d) (Tóg: mé) __aim ✓__ mo hata ón gcófra má bhíonn sé ag cur báistí.

e) Ní (ól: mé) __aim ✓__ bainne riamh mar is fuath liom é.

6) **Scríobh amach na habairtí seo a leanas san Aimsir Láithreach:**

a) Ní (íoc) ____________ mo chara as aon rud riamh.

b) (Coimeád) ________________ an múinteoir na daltaí dána siar gach Aoine.

c) (Siúil: mé) ________________ ar scoil gach lá.

d) (Cíor) ________________ sí a cuid gruaige gach maidin agus gach oíche.

e) (Lean) ____________ mo mhadra mé chun na scoile gach lá.

An Aimsir Láithreach – An Chéad Réimniú

Briathar caol - cuir

-im

-eann tú

-eann sé/sí

-imid

-eann sibh

-eann siad

-tear

leis an bhfréamh

Fill	**Bris**	**Úsáid**
Fill**im**	Bris**im**	Úsáid**im**
Fill**eann** tú	Bris**eann** tú	Úsáid**eann** tú
Fill**eann** sé/sí	Bris**eann** sé/sí	Úsáid**eann** sé/sí
Fill**imid**	Bris**imid**	Úsáid**imid**
Fill**eann** sibh	Bris**eann** sibh	Úsáid**eann** sibh
Fill**eann** siad	Bris**eann** siad	Úsáid**eann** siad
Filltear/Ní fhilltear	**Bristear/Ní bhristear**	**Úsáidtear/Ní úsáidtear**
Ní fhillim	**Ní bhrisim**	**Ní úsáidim**
An bhfilleann tú?	**An mbriseann tú?**	**An úsáideann tú?**

Samplaí

Fillim abhaile ón scoil gach lá – *I return home from school every day*

Úsáideann sí a peann gach lá – *She uses her pen every day*

ní + séimhiú san aimsir láithreach – ní chuirim/ní fhágaim

an + urú san aimsir láithreach – an gcuirim? An bhfágaim?

Cleachtaí le déanamh ...

1) **Cuir na briathra seo a leanas san Aimsir Láithreach:**

a) éist b) léim c) tuill d) caill e) cuir

2) **Cuir na briathra seo a leanas san Aimsir Láithreach:**

a) caith b) rith c) buail d) teip e) bain

3) **Cuir na briathra seo a leanas in abairtí:**

a) úsáideann sé ____________________

b) ritheann sí ____________________

c) caithim ____________________

d) tuilleann siad ____________________

e) éisteann tú ____________________

4) **Scríobh amach na habairtí seo a leanas san Aimsir Láithreach:**

a) (Éist) ________________ sí leis an múinteoir gach lá ar scoil.

b) (Buail) ________________ sé lena chara gach Luan.

c) (Fill mé) ________________ ar an teach ag a cúig gach lá.

d) (Tuill) ________________ siad a lán airigid gach deireadh seachtaine

e) (Caill) ________________ sé an cluiche peile gach Satharn.

5) **Scríobh amach na habairtí seo a leanas san Aimsir Láithreach:**

a) (Buail: mé) ____________ le mo chairde gach Satharn.

b) (Lig) ____________ mo mháthair dom fáinne a chur i mo theanga!

c) (Caith) ____________ mo Dhaid toitíní gach lá.

d) (Goid) ____________ na buachaillí úlla sa ghairdín sin gach samhradh.

e) Ní (sroich) ____________ an buachaill sin an scoil in am riamh.

6) **Scríobh amach na habairtí seo a leanas san Aimsir Láithreach:**

a) (Bain: sinn) ____________ taitneamh as ár laethanta saoire i gcónaí.

b) (Mill) ____________ mo mháthair mo shaol mar ní (lig) ____________ sí dom dul chuig an dioscó.

c) (Cuir: mé) ____________ fearg ar m'athair mar bím déanach i gcónaí.

d) (Mill) ____________ mo dheartháir mo shaol mar bíonn sé ag troid liom i gcónaí.

e) (Caill) ____________ mo chara a fón siúil i gcónaí.

Briathra eile sa Chéad Réimniú

Léigh	**Suigh**	**Taispeáin**
Lé**im**	Suí**m**	Taispeán**aim**
Lé**ann** tú	Suí**onn** tú	Taispeán**ann** tú
Lé**ann** sé/sí	Suí**onn** sé/sí	Taispeán**ann** sé/sí
Lé**imid**	Suí**mid**	Taispeán**aimid**
Lé**ann** sibh	Suí**onn** sibh	Taispeán**ann** sibh
Lé**ann** siad	Suí**onn** siad	Taispeán**ann** siad
Léitear/Ní léitear	**Suítear/Ní shuítear**	**Taispeántar/Ní thaispeántar**
Ní léim	**Ní shuím**	**Ní thaispeánaim**
An léann tú?	**An suíonn tú?**	**An dtaispeánann tú?**

An Aimsir Láithreach – An Dara Réimniú

An Dara réimniú – Briathra le níos mó ná siolla amháin sa fhréamh

Briathar leathan
(eg. **tosaigh, críochnaigh, gortaigh, sleamhnaigh**) –

1) bain an –**aigh** den bhriathar

2) cuir

-aím

-aíonn tú

-aíonn sé/sí

-aímid

-aíonn sibh

-aíonn siad

-aítear

leis an bhfréamh

Sampla

3) ceannaigh > ceann > ceannaím

Tosaigh	**Ceannaigh**	**Críochnaigh**
Tos**aím**	Ceann**aím**	Críochn**aím**
Tos**aíonn** tú	Ceann**aíonn** tú	Críochn**aíonn** tú
Tos**aíonn** sé/sí	Ceann**aíonn** sé/sí	Críochn**aíonn** sé/sí
Tos**aímid**	Ceann**aímid**	Críochn**aímid**
Tos**aíonn** sibh	Ceann**aíonn** sibh	Críochn**aíonn** sibh
Tos**aíonn** siad	Ceann**aíonn** siad	Críochn**aíonn** siad
Tosaítear/Ní thosaítear	**Ceannaítear/Ní cheannaítear**	**Críochnaítear/Ní chríochnaítear**
Ní thosaím	**Ní cheannaím**	**Ní chríochnaím**
An dtosaíonn tú?	**An gceannaíonn tú?**	**An gcríochnaíonn?**

Samplaí

Tosaíonn an scoil ag a naoi gach lá – *School starts at nine every day*

Críochnaím m'obair bhaile roimh a hocht gach oíche – *I finish my homework before eight every night*

Cleachtaí le déanamh ...

1) **Cuir na briathra seo a leanas san Aimsir Láithreach:**

a) sleamhnaigh b) cabhraigh c) socraigh

2) **Cuir na briathra seo a leanas san Aimsir Láithreach:**

a) gortaigh b) ullmhaigh c) scrúdaigh

3) **Cuir na briathra seo a leanas in abairtí:**

a) gortaíonn sé ____________________

b) sleamhnaíonn an carr ____________________

c) tosaímid ____________________

d) críochnaíonn siad ____________________

e) scrúdaíonn an múinteoir ____________________

4) **Scríobh amach na habairtí seo a leanas san Aimsir Láithreach:**

a) (Ullmhaigh) ________________ sé an dinnéar gach lá.

b) (Gortaigh mé) ______________ mo chos gach uair a rithim.

c) (Tosaigh) ______________ an clár sin ag leathuair tar éis a seacht gach tráthnóna.

d) (Cabhraigh) ________________ sé lena mháthair go minic.

e) (Ceannaigh) ______________ milseáin ar an mbealach abhaile ón scoil gach lá.

5) **Scríobh amach na habairtí seo a leanas san Aimsir Láithreach:**

a) (Cónaigh) ___________ mo chara thíos faoin tuath anois.

b) (Diúltaigh) ______________ a mháthair aon airgead breise a thabhairt dó.

c) (Mothaigh) ___________ sí brónach nuair a (féach) ___________ sí ar scannán brónach.

d) (Brostaigh: mé) ___________ ar scoil gach maidin má bhím déanach.

e) (Cabhraigh) ______________ mo mháthair liom le m'obair bhaile.

6) **Scríobh amach na habairtí seo a leanas san Aimsir Láithreach:**

a) (Fiosraigh) ________________ na gardaí an áit má tharlaíonn timpiste ann.

b) (Ceartaigh) __________________ na cóipleabhair gach seachtain.

c) Ní (tosaigh) _______________ an rang sin in am.

d) Is breá liom milseáin agus (roghnaigh: mé) __________ iad nuair a bhím sa siopa.

e) (Éalaigh) _______________ an leanbh amach ón teach gach lá.

An Aimsir Láithreach – An Dara Réimniú

Briathar caol
(eg. **éirigh, dúisigh, cuidigh, bailigh**) –

1) bain an **-igh** den bhriathar

2) cuir

-ím	**-íonn sibh**
-íonn tú	**-íonn siad**
-íonn sé/sí	**-ítear**
-ímid	

leis an bhfréamh

Sampla

3) dúisigh > dúis > dúisím

Imigh	**Dúisigh**	**Éirigh**
Im**ím**	Dúis**ím**	Éir**ím**
Im**íonn** tú	Dúis**íonn** tú	Éir**íonn** tú
Im**íonn** sé/sí	Dúis**íonn** sé/sí	Éir**íonn** sé/sí
Im**ímid**	Dúis**ímid**	Éir**ímid**

Im**íonn** sibh	Dúis**íonn** sibh	Éir**íonn** sibh
Im**íonn** siad	Dúis**íonn** siad	Éir**íonn** siad
Imítear/Ní imítear	**Dúisítear/Ní dhúisítear**	**Éirítear/Ní éirítear**
Ní imím	**Ní dhúisím**	**Ní éirím**
An imíonn tú?	**An ndúisíonn tú?**	**An éiríonn tú?**

Sampla

Imíonn sé abhaile ag a cúig gach lá — *He goes home at five every day*

Éirím ag a seacht a chlog i rith na seachtaine — *I get up at seven during the week*

Cleachtaí le déanamh....................

1) **Cuir na briathra seo a leanas san Aimsir Láithreach:**

a) bailigh b) cuidigh c) oibrigh

2) **Cuir na briathra seo a leanas san Aimsir Láithreach:**

a) cuimhnigh b) cóirigh c) impigh

3) **Cuir na briathra seo a leanas in abairtí:**

a) imíonn sí ____________________

b) dúisíonn siad ____________________

c) oibríonn m'athair ____________________

d) éiríonn tú ____________________

e) cuimhnítear ____________________

4) **Scríobh amach na habairtí seo a leanas san Aimsir Láithreach:**

a) (Bailigh) ___________ na cóipleabhair gach lá.

b) (Deisigh: mé) _____________ mo rothar nuair a bhíonn sé briste.

c) (Dúisigh) ___________ an leanbh i rith na hoíche i gcónaí.

d) (Cuidigh) _____________ sé lena mháthair go minic.

e) (Oibrigh) _____________ siad ó a deich go dtí a cúig gach lá.

5) **Scríobh amach na habairtí seo a leanas san Aimsir Láithreach:**

a) (Smaoinigh) ____________ sé ar a chara gach lá.

b) Ní (éist: mé) __________ sa rang agus ní (foghlaim: mé) ____________ aon rud.

c) (Cóirigh) ______________ an leaba gach maidin.

d) (Dúisigh) _____________ siad ag a naoi ach ní (éirigh) ___________ siad go dtí a haon déag.

e) (Bailigh) _____________ na páistí sméara dubha gach fómhar.

6) **Scríobh amach na habairtí seo a leanas san Aimsir Láithreach:**

a) (Impigh) ____________ sí ar a máthair airgead a thabhairt di ach ní (géill) ___________ sí riamh.

b) (Oibrigh: mé) ____________ go dian gach lá.

c) (Caill) _________ sí a cuid airgid i gcónaí agus uaireanta (aimsigh) ___________ sí é.

d) (Cuimhnigh) _______________ sé ar a sheanmháthair gach Nollaig.

e) Ní (cuidigh: sinn) ______________ lenár dtuismitheoirí mar táimid leisciúil.

An Aimsir Láithreach – An Dara Réimniú

Briathra a chríochnaíonn le -ir, -ail, -is, -il, -air
(eg. **imir, oscail, inis**)

1) bain an **guta nó gutaí deireanacha** den bhriathar

2) cuir

-ím *nó* **-aím**

-íonn tú *nó* **-aíonn tú**

-íonn sé/sí *nó* **-aíonn sé/sí**

-ímid *nó* **-aímid**

-íonn sibh *nó* **-aíonn sibh**

-íonn siad *nó* **-aíonn siad**

-ítear *nó* **-aítear**

leis an bhfréamh

Sampla

3) imir > imr > imrím

codail > codl > codlaím

Codail	**Imir**	**Inis**
Codl**aím**	Imr**ím**	Ins**ím**
Codl**aíonn** tú	Imr**íonn** tú	Ins**íonn** tú
Codl**aíonn** sé/sí	Imr**íonn** sé/sí	Ins**íonn** sé/sí
Codl**aímid**	Imr**ímid**	Ins**ímid**
Codl**aíonn** sibh	Imr**íonn** sibh	Ins**íonn** sibh
Codl**aíonn** siad	Imr**íonn** siad	Ins**íonn** siad
Codlaítear/Ní chodlaítear	**Imrítear/Ní imrítear**	**Insítear/Ní insítear**
Ní chodlaím	**Ní imrím**	**Ní insím**
An gcodlaíonn tú?	**An imríonn tú?**	**An insíonn tú?**

Samplaí

Codlaíonn sé go sámh gach oíche – *he sleeps soundly every night*

Imrím leadóg sa samhradh – *I play tennis in the summer*

Cleachtaí le déanamh ...

1) Cuir na briathra seo a leanas san Aimsir Láithreach

a) oscail b) múscail c) freagair

2) Cuir na briathra seo a leanas san Aimsir Láithreach

a) ceangail b) aithin c) freastail

3) Cuir na briathra seo a leanas in abairtí:

a) insíonn sí ______________________

b) codlaíonn tú ____________________

c) freagraítear _________________

d) imrímid ________________

e) osclaím ____________

4) **Scríobh amach na habairtí seo a leanas san Aimsir Láithreach:**

a) (Freagair) ____________ an múinteoir na ceisteanna gach lá.

b) (Oscail) ____________ sé an doras gach maidin.

c) (Freastail) ____________ na daltaí ar an scoil i lár an bhaile.

d) (Imir) ____________ peil Ghaelach gach Satharn.

e) (Codail mé) ____________ go sámh ag an deireadh seachtaine.

5) **Scríobh amach na habairtí seo a leanas san Aimsir Láithreach:**

a) Bíonn Máire i gcónaí i dtrioblóid mar (labhair) ____________ sí an t-am ar fad sa rang.

b) (Taitin) ____________ an teilifís go mór liom.

c) (Freagair) ____________ sé na ceisteanna go léir mar tá sé an-chliste.

d) (Aithin) ____________ ciaróg ciaróg eile.

e) (Múscail) ____________ sí fearg sa mhúinteoir mar bíonn sí i gcónaí ag caint.

6) **Scríobh amach na habairtí seo a leanas san Aimsir Láithreach:**

a) Ní (inis) ____________ sé an fhírinne riamh.

b) (Ceangail) ____________ a mháthair a bhróga dó mar níl sé ach dhá bhliain d'aois.

c) (Bagair) ____________ na gadaithe an garda.

d) (Imir) ____________ siad go maith gach lá.

e) Ní (codail: mé) ____________ go sámh nuair a bhíonn sé róthe.

An Aimsir Láithreach - Na Briathra Neamhrialta

Bí	**Bí – An Aimsir Ghnáthláithreach**
táim	bím
tá tú/sé/sí	bíonn tú/sé/sí
táimid	bímid
tá sibh/siad	bíonn sibh/siad
táthar/níltear	**bítear/ní bhítear**
nílim	**ní bhím**
an bhfuil tú/ an bhfuilimid?	**an mbíonn tú**

Abair	**Feic**
deirim	feicim
deir tú/sé/sí	feiceann tú/sé/sí
deirimid	feicimid
deir sibh/siad	feiceann sibh/siad
deirtear/ní deirtear	**feictear/ní fheictear**
ní deirim	**ní fheicim**
an ndeir tú	**an bhfeiceann tú?**

Faigh	**Téigh**
faighim	téim
faigheann tú/sé/sí	téann tú/sé/sí
faighimid	téimid
faigheann sibh/siad	téann sibh/siad
faightear/ní fhaightear	**téitear/ní théitear**
ní fhaighim	**ní théim**
an bhfaigheann tú?	**An dtéann tú?**

Déan	**Beir**
déanaim	beirim
déanann tú/sé/sí	beireann tú/sé/sí
déanaimid	beirimid
déanann sibh/siad	beireann sibh/siad
déantar/ní dhéantar	**beirtear/ní bheirtear**
ní dhéanaim	**ní bheirim**
An ndéanann tú?	**An mbeireann tú?**

Clois	**Ith**
cloisim	ithim
cloiseann tú/sé/sí	itheann tú/sé/sí
cloisimid	ithimid
cloiseann sibh/siad	itheann sibh/siad
cloistear/ní chloistear	**itear/ní itear**
ní chloisim	**ní ithim**
an gcloiseann tú?	**an itheann tú?**

Tabhair	**Tar**
tugaim	tagaim
tugann tú/sé/sí	tagann tú/sé/sí
tugaimid	tagaimid
tugann sibh/siad	tagann sibh/siad
tugtar/ní thugtar	**tagtar/ní thagtar**
ní thugaim	**ní thagaim**
an dtugann tú?	**an dtagann tú?**

Cleachtaí le déanamh ...

1) **Cuir na briathra seo a leanas in abairtí:**

a) déantar ______________________________

b) feicim ______________________________

c) tá sé ______________________________

d) ní thagann sé ______________________________

e) téann an chlann ______________________________

2) **Cuir na briathra seo a leanas in abairtí:**

a) faigheann sé ______________________________

b) ithimid ______________________________

c) ní chloiseann sé ______________________________

d) an itheann sé? ______________________________

e) bíonn sé ______________________________

3) **Scríobh amach na habairtí seo a leanas san Aimsir Láithreach:**

a) (Téigh) ____________ sé abhaile go luath gach lá.

b) (Ní déan) ____________ sé a obair bhaile riamh.

c) (Abair) ______________ sí go bhfuil an lá go deas.

d) (Beir) ______________ na gardaí ar an ngadaí.

e) (Clois) ________________ an leanbh a mháthair ag canadh.

4) **Scríobh amach na habairtí seo a leanas san Aimsir Láithreach:**

a) (Ith) __________________ sé bricfeasta mór gach maidin.

b) (Déan) _________________ sí dearmad ar a cóipleabhar gach lá.

c) (Tabhair mé) _________________ airgead do na daoine bochta gach Nollaig.

d) (Faigh) _____________ siad a lán obair bhaile gach Aoine.

e) (Téigh) _________________ tú amach gach Domhnach.

5) **Scríobh amach na habairtí seo a leanas san Aimsir Láithreach:**

a) (Bí) __________ sé i gcónaí ag cur báistí in Éirinn.

b) (Feic) __________ sé a chara ar scoil gach lá.

c) (Faigh: sinn) __________ a lán obair bhaile gach lá.

d) Ní (téigh) __________ sé amach lena chairde i rith na seachtaine.

e) (Déan) __________ siad praiseach den obair i gcónaí agus (cuir) __________ sé fearg ar an múinteoir.

6) **Scríobh amach na habairtí seo a leanas san Aimsir Láithreach:**

a) Ní (beir) __________ na gardaí ar na gadaithe in am.

b) Ní (tar: mé) __________ abhaile ón scoil go dtí a ceathair gach lá.

c) (Clois) __________ sé an clog aláraim ag bualadh gach maidin.

d) (Téigh) __________ siad go dtí McDonald's gach Aoine agus (ith) __________ siad sceallóga ann.

e) (Tabhair: mé) __________ aire do mo dhearthá ir óg ag an deireadh seachtaine mar (téigh) __________ mo thuismitheoirí amach.

leathan le leathan	fágann tú/ceannaíonn tú
caol le caol	filleann tú/ bailíonn tú

Súil Siar

1) **Cuir na briathra seo a leanas san Aimsir Láithreach:**

a) creid b) smaoinigh c) tuig d) brostaigh e) oscail

2) **Cuir na briathra seo a leanas san Aimsir Láithreach:**

a) imigh b) ól c) fág d) can e) mol

3) **Cuir na briathra seo a leanas san Aimsir Láithreach:**

a) téigh b) íoc c) ceannaigh d) buail e) ardaigh

4) **Scríobh amach na habairtí seo a leanas san Aimsir Láithreach:**

a) (Ceannaigh) ________________ sé bronntanas dom ar mo lá breithe.

b) (Cabhraigh mé) ________________ le mo mháthair go minic.

c) (Glan) ______________________ siad an halla ar an Aoine.

d) (Ní creid) ________________________ sé an scéal sin.

e) (Ní oscail) __________________ an doras.

5) **Scríobh amach na habairtí seo a leanas san Aimsir Láithreach:**

a) (Díol mé) ______________ mo sheanleabhair scoile gach samhradh.

b) (Ní tuig) ______________ an cheist mar go bhfuil sí deacair.

c) (Brostaigh) __________________ sibh abhaile nuair a thosaíonn sé ag cur báistí.

d) (Imir) ______________ mo chara ar fhoireann na scoile.

e) (Féach) ______________ sé ar an teilifís gach lá.

6) **Scríobh amach na habairtí seo a leanas san Aimsir Láithreach:**

a) (Cabhraigh) ____________ muintir na hÉireann leis na bochtáin go minic.

b) (Cóirigh) ______________ sí an leaba agus (glan) ____________ sí an seomra gach maidin.

c) Nuair a (imir) ___________ Pól peil (bris) ___________ sé a chos.

d) (Goid) ____________ siad airgead agus ansin (éalaigh) ______________ siad ón mbanc.

e) (Rith) ______________ sé amach ón teach agus (sroich) ____________ sé an scoil in am.

CAIBIDIL 3
An Aimsir Fháistineach

Úsáideann tú an Aimsir Fháistineach nuair atá tú ag caint faoi rudaí nár tharla go fóill, mar shampla

-amárach

-anocht

-an bhliain seo chugainn

-an tseachtain seo chugainn

-an mhí seo chugainn

An Aimsir Fháistineach – An Chéad Réimniú

An Chéad Réimniú –

briathra le siolla amháin sa fhréamh nó níos mó

ná siolla amháin le síneadh fada sa siolla deireanach

Briathar leathan

Cuir

-faidh mé

-faidh tú

-faidh sé/sí

-faimid

-faidh sibh

-faidh siad

-far

leis an bhfréamh

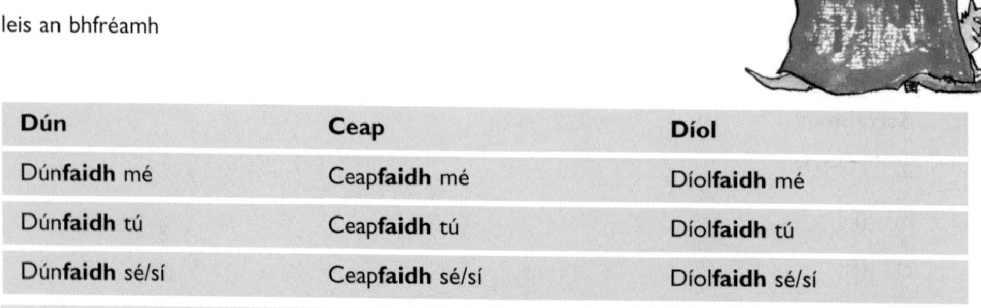

Dún	**Ceap**	**Díol**
Dún**faidh** mé	Ceap**faidh** mé	Díol**faidh** mé
Dún**faidh** tú	Ceap**faidh** tú	Díol**faidh** tú
Dún**faidh** sé/sí	Ceap**faidh** sé/sí	Díol**faidh** sé/sí

Dún**faimid**	Ceap**faimid**	Díol**faimid**
Dún**faidh** sibh	Ceap**faidh** sibh	Díol**faidh** sibh
Dún**faidh** siad	Ceap**faidh** siad	Díol**faidh** siad
Dúnfar/ní dhúnfar	**Ceapfar/Ní cheapfar**	**Díolfar/Ní dhíolfar**
Ní dhúnfaidh mé	**Ní cheapfaidh mé**	**Ní dhíolfaidh mé**
An ndúnfaidh tú?	**An gceapfaidh tú?**	**An ndíolfaidh tú?**

Samplaí

Dúnfaidh mé an doras amárach – *I will close the door tomorrow*

Díolfaidh an fear leabhair sa siopa leabhar an tseachtain seo chugainn – *The man will sell books in the bookshop next week*

Cleachtaí le déanamh ...

1) **Cuir na briathra seo a leanas san Aimsir Fháistineach:**

a) fás b) fág c) féach d) glan e) íoc

2) **Cuir na briathra seo a leanas san Aimsir Fháistineach:**

a) leag b) scuab c) cíor d) geall e) iarr

3) **Cuir na briathra seo a leanas in abairtí:**

a) féachfaidh sé ______________

b) pósfaidh sí ______________

c) geallfaimid ______________

d) gearrfar ______________

e) scríobhfaidh tú ______________

4) **Scríobh amach na habairtí seo a leanas san Aimsir Fháistineach:**

a) (Scríobh) ______________ sí ina cóipleabhar gach lá ar scoil.

b) (Féach) ______________ ar an gclár sin gach Luan.

c) (Fág) ______________ mé an teach ag a hocht gach lá.

d) (Glan) ________________ siad an teach gach lá.

e) (Scuab) ________________ an t-urlár gach oíche.

5) **Scríobh amach na habairtí seo a leanas san Aimsir Fháistineach:**

a) (Ceap) ____________ sé go mbeidh an lá amárach go hiontach mar go mbeidh an ghrian ag taitneamh.

b) (Féach) ____________ mé ar Eastenders amárach.

c) (Fág) ____________ sí an teach maidin amárach ag a hocht agus (rith) ____________ sí ar scoil.

d) (Tóg) ________________ mé mo hata ón gcófra má bhíonn sé ag cur báistí.

e) Ní (ól: mé) ____________ bainne riamh mar gur fuath liom é.

6) **Scríobh amach na habairtí seo a leanas san Aimsir Fháistineach:**

a) Ní (íoc) ____________ mo chara as aon rud riamh.

b) (Coimeád) __________________ na daltaí dána siar dé hAoine seo chugainn.

c) Siúil) __________________ mé ar scoil amárach.

d) (Cíor) ________________ sí a cuid gruaige maidin amárach.

e) (Lean) ______________ mo mhadra mé ar scoil amárach.

An Aimsir Fháistineach – An Chéad Réimniú

Briathar caol – cuir

-fidh mé

-fidh tú

-fidh sé/sí

-fimid

-fidh sibh

-fidh siad

-fear

leis an bhfréamh

Fill	**Bris**	**Úsáid**
Fill**fidh** mé	Bris**fidh** mé	Úsáid**fidh** mé
Fill**fidh** tú	Bris**fidh** tú	Úsáid**fidh** tú
Fill**fidh** sé/sí	Bris**fidh** sé/sí	Úsáid**fidh** sé/sí
Fill**fimid**	Bris**fimid**	Úsáid**fimid**
Fill**fidh** sibh	Bris**fidh** sibh	Úsáid**fidh** sibh
Fill**fidh** siad	Bris**fidh** siad	Úsáid**fidh** siad
Fillfear/Ní fhillfear	**Brisfear/Ní bhrisfear**	**Úsáidfear/Ní úsáidfear**
Ní fhillfidh mé	**Ní bhrisfidh mé**	**Ní úsáidfidh mé**
An bhfillfidh tú?	**An mbrisfidh tú?**	**An úsáidfidh tú?**

Samplaí

Fillfidh mé abhaile ón scoil amárach – *I will return home from school tomorrow*

Úsáidfidh sí a peann an tseachtain seo chugainn – *She will use her pen next week*

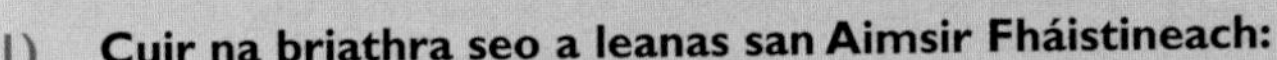

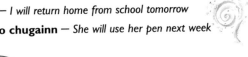

Cleachtaí le déanamh ...

1) **Cuir na briathra seo a leanas san Aimsir Fháistineach:**

a) éist b) léim c) tuill d) caill e) cuir

2) **Scríobh na briathra seo a leanas amach san Aimsir Fháistineach:**

a) caith b) rith c) buail d) stróic e) bain

3) **Cuir na briathra seo a leanas in abairtí:**

a) úsáidfidh sé ____________________

b) rithfidh sí ______________________

c) caithfear _______________________

d) tuillfidh siad ___________________

e) éistfidh tú _______________________________

4) **Scríobh amach na habairtí seo a leanas san Aimsir Fháistineach:**

a) (Éist) _______________ sí leis an múinteoir ar scoil amárach.

b) (Buail) _______________ sé lena chara an Luan seo chugainn.

c) Ní (fill) _______________ mé ar an teach ag a cúig amárach.

d) An (tuill) _______________ a lán airigid an deireadh seachtaine seo chugainn?

e) (Caill) _______________ an cluiche peile an Satharn seo chugainn.

5) **Scríobh amach na habairtí seo a leanas san Aimsir Fháistineach:**

a) Ní (buail) _______________ mé le mo chairde Dé Sathairn seo chugainn.

b) (Lig) _______________ mo mháthair dom fáinne a chur i mo theanga!

c) (Caith) _______________ mo Dhaid toitíní ag an deireadh seachtaine seo chugainn.

d) (Goid) _______________ úlla sa ghairdín sin an samhradh seo chugainn.

e) Ní (sroich) _______________ an buachaill sin an scoil in am riamh.

6) **Scríobh amach na habairtí seo a leanas san Aimsir Fháistineach:**

a) (Bain: sinn) _______________ taitneamh as ár laethanta saoire an samhradh seo chugainn.

b) An (mill) _______________ mo mháthair mo shaol mar nach (lig) _______________ sí dom dul chuig an dioscó?

c) (Cuir) _______________ mé fearg ar m'athair mar beidh mé déanach.

d) (Mill) _______________ mo dheartháir mo shaol mar go mbeidh sé ag troid liom amárach.

e) Ní (caill) _______________ mo chara a fón siúil amárach.

Briathra eile sa Chéad Réimniú

Léigh	**Suigh**	**Taispeáin**
Léi**fidh** mé	Suí**fidh** mé	Taispeán**faidh** mé
Léi**fidh** tú	Suí**fidh** tú	Taispeán**faidh** tú
Léi**fidh** sé/sí	Suí**fidh** sé/sí	Taispeán**faidh** sé/sí
Léi**fimid**	Suí**fimid**	Taispeán**faimid**

Léi**fidh** sibh	Suí**fidh** sibh	Taispeán**faidh** sibh
Léi**fidh** siad	Suí**fidh** siad	Taispeán**faidh** siad
Léifear/Ní léifear	**Suífear/Ní shuífear**	**Taispeánfar/Ní thaispeánfar**
Ní léifidh mé	**Ní shuífidh mé**	**Ní thaispeánfaidh mé**
An léifidh tú?	**An suífidh tú?**	**An dtaispeánfaidh tú?**

An Aimsir Fháistineach – An Dara Réimniú

Briathar leathan
(tosaigh, críochnaigh, gortaigh, sleamhnaigh) –

1) bain an **-aigh** den bhriathar

2) cuir

-óidh mé   **-óidh sibh**

-óidh tú   **-óidh siad**

-óidh sé/sí   **-ófar**

-óimid

leis an bhfréamh

Sampla

3) ceannaigh > ceann > ceannóidh mé

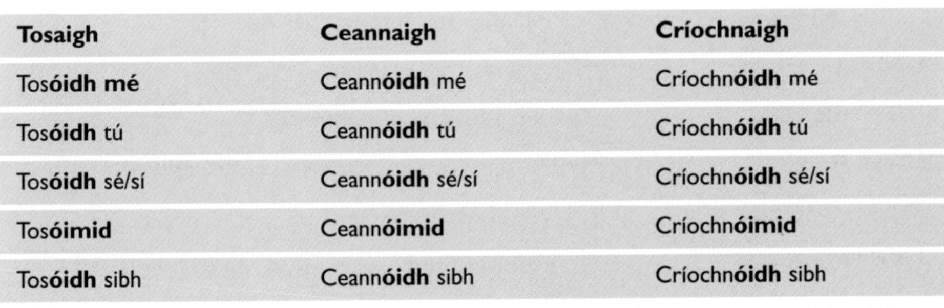

Tosaigh	**Ceannaigh**	**Críochnaigh**
Tos**óidh mé**	Ceann**óidh** mé	Críochn**óidh** mé
Tos**óidh** tú	Ceann**óidh** tú	Críochn**óidh** tú
Tos**óidh** sé/sí	Ceann**óidh** sé/sí	Críochn**óidh** sé/sí
Tos**óimid**	Ceann**óimid**	Críochn**óimid**
Tos**óidh** sibh	Ceann**óidh** sibh	Críochn**óidh** sibh

Tos**óidh** siad	Ceann**óidh** siad	Críochn**óidh** siad
Tosófar/Ní thósófar	**Ceannófar/Ní cheannófar**	**Críochnófar/Ní chríochnófar**
Ní thosóidh mé	**Ní cheannóidh mé**	**Ní chríochnóidh mé**
An dtosóidh tú?	**An gceannóidh tú?**	**An gcríochnóidh tú?**

Sampla

Tosóidh an scoil ag a naoi amárach – *School will start at nine tomorrow*

Críochnóidh mé m'obair bhaile roimh a hocht tráthnóna inniu – *I will finish my homework before eight this evening*

Cleachtaí le déanamh ...

1) **Cuir na briathra seo a leanas san Aimsir Fháistineach:**

a) sleamhnaigh b) cabhraigh c) socraigh

2) **Cuir na briathra seo a leanas san Aimsir Fháistineach:**

a) gortaigh b) ullmhaigh c) scrúdaigh

3) **Cuir na briathra seo a leanas in abairtí:**

a) gortófar ____________________

b) sleamhnóidh an carr ____________________

c) tosóimid ____________________

d) críochnóidh siad ____________________

e) scrúdóidh an múinteoir ____________________

4) **Scríobh amach na habairtí seo a leanas san Aimsir Fháistineach:**

a) (Ullmhaigh) ________________ sé an dinnéar anocht

b) (Gortaigh) ______________ mé mo chos nuair a rithfidh mé.

c) (Tosaigh) ______________ an clár sin ag leathuair tar éis a seacht amárach.

d) (Cabhraigh) ________________ sé lena mháthair go minic.

e) (Ceannaigh) ______________ milseáin ar an mbealach abhaile ón scoil amárach.

5) **Scríobh amach na habairtí seo a leanas san Aimsir Fháistineach:**

a) (Cónaigh) __________ mo chara thíos faoin tuath an bhliain seo chugainn.

b) (Diúltaigh) ____________ a mháthair aon airgead breise a thabhairt dó.

c) (Mothaigh) __________ sí brónach nuair a (féach) __________ sí ar an scannán brónach sin amárach.

d) (Brostaigh: mé) _________ ar scoil maidin amárach má bhím déanach.

e) Ní (cabhraigh) ____________ mo mháthair liom le m'obair bhaile amárach.

6) **Scríobh amach na habairtí seo a leanas san Aimsir Fháistineach:**

a) (Fiosraigh) _______________ na gardaí an áit má tharlaíonn timpiste ann.

b) An (ceartaigh) ________________ an múinteoir na cóipleabhair amárach.

c) Ní (tosaigh) ______________ an rang sin in am Dé Luain seo chugainn.

d) Is breá liom milseáin agus (roghnaigh) __________ mé iad nuair a bheidh mé sa siopa.

e) (Éalaigh) ______________ an leanbh amach ón teach amárach i ngan fhios dá mháthair.

An Aimsir Fháistineach – An Dara Réimniú

Briathar caol
(eg. **éirigh, dúisigh, cuidigh, bailigh**) –

1) bain an **-igh** den bhriathar

2) cuir

-eoidh mé

-eoidh tú

-eoidh sé/sí

-eoimid

-eoidh sibh

-eoidh siad

-eofar

leis an bhfréamh

Sampla

3) dúisigh > dúis > dúiseoidh mé

Imigh	**Dúisigh**	**Éirigh**
Im**eoidh** mé	Dúis**eoidh** mé	Éir**eoidh** mé
Im**eoidh** tú	Dúis**eoidh** tú	Éir**eoidh** tú
Im**eoidh** sé/sí	Dúis**eoidh** sé/sí	Éir**eoidh** sé/sí
Im**eoimid**	Dúis**eoimid**	Éir**eoimid**
Im**eoidh** sibh	Dúis**eoidh** sibh	Éir**eoidh** sibh
Im**eoidh** siad	Dúis**eoidh** siad	Éir**eoidh** siad
Imeofar/Ní imeofar	**Dúiseofar/Ní dhúiseofar**	**Éireofar/Ní éireofar**
Ní imeoidh mé	**Ní dhúiseoidh mé**	**Ní éireoidh mé**
An imeoidh tú?	**An ndúiseoidh tú?**	**An éireoidh tú?**

Samplaí

Imeoidh sé abhaile ag a cúig amárach – *He will go home at five tomorrow*

Éireoidh mé ag a seacht a chlog i rith na seachtaine seo chugainn – *I will get up at seven during the next week*

Cleachtaí le déanamh ...

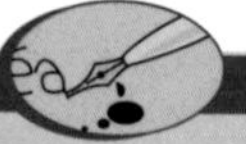

1) **Cuir na briathra seo a leanas san Aimsir Fháistineach:**

a) bailigh b) cuidigh c) oibrigh

2) **Cuir na briathra seo a leanas san Aimsir Fháistineach:**

a) cuimhnigh b) éiligh c) impigh

3) **Cuir na briathra seo a leanas in abairtí:**

a) imeoidh sí ____________________

b) dúiseofar ____________________

c) oibreoidh m'athair ____________________

d) éireoidh tú ______________________

e) cuimhneoidh an fear ______________________

4) **Scríobh amach na habairtí seo a leanas san Aimsir Fháistineach:**

a) (Bailigh) ____________ na cóipleabhair amárach.

b) (Éiligh) ______________ na príosúnaithe an tseachtain seo chugainn.

c) An (dúisigh) ____________ an leanbh i rith na hoíche anocht?

d) Ní (cuidigh) ______________ sé lena mháthair amárach.

e) (Oibrigh) ________________ ó a deich go dtí a cúig Dé hAoine seo chugainn.

5) **Scríobh amach na habairtí seo a leanas san Aimsir Fháistineach:**

a) (Smaoinigh) ___________ sé ar a chara amárach ar a lá breithe.

b) Ní (éist: mé) _________ sa rang agus ní (foghlaim: mé) ___________ aon rud.

c) (Cóirigh) _____________ sí an leaba gach maidin an tseachtain seo chugainn.

d) (Dúisigh) ____________ siad ag a naoi ach ní (éirigh) __________ siad go dtí a haon déag.

e) (Bailigh) ____________ na páistí sméara dubha an fómhar seo chugainn.

6) **Scríobh amach na habairtí seo a leanas san Aimsir Fháistineach:**

a) (Impigh) ___________ sí ar a máthair airgead a thabhairt di ach ní (géill) __________ sí.

b) (Oibrigh) ___________ mé go dian ag an deireadh seachtaine.

c) (Caill) _________ sí a cuid airgid amárach ach ní (aimsigh) __________ sí é.

d) An (cuimhnigh) ______________ sé ar a sheanmháthair an Nollaig seo chugainn?

e) Ní (cuidigh: sinn) _____________ lenár dtuismitheoirí mar nach mbeimid ann.

An Aimsir Fháistineach– An Dara Réimniú

Briathra a chríochnaíonn le -ir, -ail, -is, -il
(eg. **imir, oscail, inis**)

1) bain an **guta nó gutaí deireanacha** den bhriathar

2) cuir

-óidh mé	**nó**	**-eoidh mé**
-óidh tú	**nó**	**-eoidh tú**
-óidh sé/sí	**nó**	**-eoidh sé/sí**
-óimid	**nó**	**-eoimid**
-óidh sibh	**nó**	**-eoidh sibh**
-óidh siad	**nó**	**-eoidh siad**
-ófar	**nó**	**-eofar**

leis an bhfréamh

Sampla

3) imir > imr > imreoidh mé

codail > codl > codlóidh mé

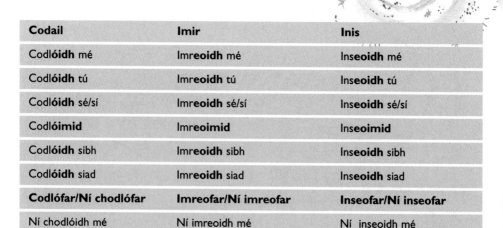

Codail	**Imir**	**Inis**
Codl**óidh** mé	Imr**eoidh** mé	Ins**eoidh** mé
Codl**óidh** tú	Imr**eoidh** tú	Ins**eoidh** tú
Codl**óidh** sé/sí	Imr**eoidh** sé/sí	Ins**eoidh** sé/sí
Codl**óimid**	Imr**eoimid**	Ins**eoimid**
Codl**óidh** sibh	Imr**eoidh** sibh	Ins**eoidh** sibh
Codl**óidh** siad	Imr**eoidh** siad	Ins**eoidh** siad
Codlófar/Ní chodlófar	**Imreofar/Ní imreofar**	**Inseofar/Ní inseofar**
Ní chodlóidh mé	Ní imreoidh mé	Ní inseoidh mé
An gcodlóidh tú?	An imreoidh tú?	An inseoidh tú?

Samplaí

Codlóidh sé go sámh anocht – *he will sleep soundly tonight*

Imreoidh mé leadóg an samhradh seo chugainn – *I will play tennis next summer*

Cleachtaí le déanamh ...

1) **Cuir na briathra seo a leanas san Aimsir Fháistineach:**

a) oscail b) múscail c) freagair

2) **Cuir na briathra seo a leanas san Aimsir Fháistineach:**

a) ceangail b) aithin c) freastail

3) **Cuir na briathra seo a leanas in abairtí:**

a) inseoidh sí ______________________

b) codlóidh tú __________________

c) freagrófar ________________________

d) imreoimid __________________________

e) osclóidh mé ______________________

4) **Scríobh amach na habairtí seo a leanas san Aimsir Fháistineach:**

a) (Freagair) _____________ an múinteoir na ceisteanna amárach.

b) (Oscail) ___________ an doras maidin amárach.

c) An (imir) _____________ na daltaí ar fhoireann na scoile i lár an bhaile an bhliain seo chugainn?

d) (Imir) ______________ peil Ghaelach an Satharn seo chugainn.

e) Ní (codail) ___________ mé go sámh ag an deireadh seachtaine seo chugainn.

5) **Scríobh amach na habairtí seo a leanas san Aimsir Fháistineach:**

a) Beidh Máire i gcónaí i dtrioblóid mar go (labhair) ___________ sí an t-am ar fad sa rang.

b) (Taitin) ______________ an Fhrainc go mór liom nuair a rachaidh mé ann ar mo laethanta saoire.

c) (Freagair) ______________ sé na ceisteanna go léir mar go bhfuil sé an-chliste.

d) An (aithin) ______________ mé mo sheanmhúinteoir nuair a (buail) ________ mé léi ag an gcruinniú?

e) (Múscail) ______________ sí fearg sa mhúinteoir mar beidh sí i gcónaí ag caint.

6) **Scríobh amach na habairtí seo a leanas san Aimsir Fháistineach:**

a) Ní (inis) ______________ sé an fhírinne riamh.

b) (Ceangail) ______________ a mháthair a bhróga dó mar nach mbeidh sé ábalta.

c) (Bagair) ______________ an garda amárach.

d) (Imir) ____________ siad go maith ag an gcluiche Dé Sathairn seo chugainn.

e) Ní (codail) ___________ sé go sámh mar go mbeidh sé róthe.

An Aimsir Fháistineach – Na Briathra Neamhrialta

Bí	**Abair**
beidh mé/tú/sé/sí	déarfaidh mé/tú/sé/sí
beimid	déarfaimid
beidh sibh/siad	déarfaidh sibh/siad
beifear/ní bheifear	déarfar/ní déarfar
ní bheidh mé/ní bheimid	ní déarfaidh mé/ní déarfaimid
an mbeidh tú?	an ndéarfaidh tú?

Faigh	
gheobhaidh mé/tú/sé/sí	ní bhfaighidh mé/tú/sé/sí
gheobhaimid	ní bhfaighimid
gheobhaidh sibh/siad	ní bhfaighidh sibh/siad
gheofar/ní bhfaighfear	an bhfaighidh mé/an bhfaighimid?

Téigh	**Déan**
rachaidh mé/tú/sé/sí	déanfaidh mé/tú/sé/sí
rachaimid	déanfaimid
rachaidh sibh/siad	déanfaidh sibh/siad
rachfar/ní rachfar	déanfar/ní dhéanfar
ní rachaidh mé	ní dhéanfaidh mé
an rachaidh tú?	an ndéanfaidh tú?

Feic	**Beir**
feicfidh mé/tú/sé/sí	béarfaidh mé/tú/sé/sí
feicfimid	béarfaimid
feicfidh sibh/siad	béarfaidh sibh/siad
feicfear/ní fheicfear	béarfar/ní bhéarfar
ní fheicfidh mé	ní bhéarfaidh mé
an bhfeicfidh tú?	an mbéarfaidh tú?

Clois	**Ith**
cloisfidh mé/tú/sé/sí	íosfaidh mé/tú/sé/sí
cloisfimid	íosfaimid
cloisfidh sibh/siad	íosfaidh sibh/siad
cloisfear/ní chloisfear	íosfar/ní íosfar
ní chloisfidh mé	ní íosfaidh mé
an gcloisfidh tú?	an íosfaidh tú?

Tar	**Tabhair**
tiocfaidh mé/tú/sé/sí	tabharfaidh mé/tú/sé/sí
tiocfaimid	tabharfaimid
tiocfaidh sibh/siad	tabharfaidh sibh/siad
tiocfar/ní thiocfar	tabharfar/ní thabharfar
ní thiocfaidh mé	ní thabharfaidh mé
an dtiocfaidh tú?	an dtabharfaidh tú?

Cleachtaí le déanamh ...

1) **Cuir na briathra seo a leanas in abairtí:**

a) déanfaidh sé ____________________

b) feicfear ____________________

c) beidh sé ____________________

d) ní thiocfaidh sé ____________________

e) rachaidh an chlann ____________________

2) **Cuir na briathra seo a leanas in abairtí:**

a) gheobhaidh sé ____________________

b) ní íosfaimid ____________________

c) ní chloisfidh sé ____________________

d) an íosfaidh sé? ____________________

e) beidh sé ____________________

3) **Scríobh amach na habairtí seo a leanas san Aimsir Fháistineach:**

a) (Téigh) __________ sé abhaile go luath amárach.

b) An (déan) __________ sé a obair bhaile riamh?

c) Ní (abair) __________ go mbeidh an lá go deas.

d) (Beir) __________ na gardaí ar an ngadaí amárach.

e) (Clois) __________ an leanbh a mháthair ag canadh sa ghairdín anocht.

4) **Scríobh amach na habairtí seo a leanas san Aimsir Fháistineach:**

a) (Ith) __________ bricfeasta mór maidin amárach.

b) (Déan) __________ sí dearmad ar a cóipleabhar amárach.

c) (Tabhair) __________ mé airgead do na daoine bochta an Nollaig seo chugainn.

d) An (faigh) __________ a lán obair bhaile an Aoine seo chugainn.

e) (Téigh) __________ mé amach le mo chairde anocht.

5) Scríobh amach na habairtí seo a leanas san Aimsir Fháistineach:

a) (Bí) ___________ sé ag cur báistí amárach.

b) (Feic) ___________ sé a chara ar scoil amárach agus arú amárach.

c) (Faigh) ___________ a lán obair bhaile an tseachtain seo chugainn.

d) Ní (téigh) ___________ sé amach lena chairde i rith na seachtaine seo chugainn.

e) (Déan) _________ siad praiseach den obair agus (cuir) _________ sé fearg ar an múinteoir an mhí seo chugainn.

6) Scríobh amach na habairtí seo a leanas san Aimsir Fháistineach:

a) Ní (beir) ___________ na gardaí ar na gadaithe in am amarach agus (éalaigh) _________ siad ón siopa.

b) Ní (tar) ___________ mé abhaile ón scoil go dtí a ceathair amárach.

c) (Clois) ___________ an clog aláraim ag bualadh maidin amárach.

d) (Téigh) ___________ siad go dtí McDonald's an Aoine seo chugainn agus (ith) ___________ siad sceallóga ann.

e) An (tabhair) ___________ aire do mo dhearthár óg ag an deireadh seachtaine seo chugainn.

ní + séimhiú
an + urú
} san Aimsir Fháistineach

ní chuirfidh mé / an gcuirfidh mé

ní fhágfaidh mé / an bhfágfaidh mé

ní fhiosróidh na gardaí / an bhfiosróidh

ní imeoidh mé / an imeoidh

Súil Siar

1) **Cuir na briathra seo a leanas san Aimsir Fháistineach:**

a) creid b) smaoinigh c) tuig d) brostaigh e) oscail

2) **Cuir na briathra seo a leanas san Aimsir Fháistineach:**

a) imigh b) ól c) fág d) can e) mol

3) **Cuir na briathra seo a leanas san Aimsir Fháistineach:**

a) téigh b) íoc c) ceannaigh d) buail e) ardaigh

4) **Scríobh amach na habairtí seo a leanas san Aimsir Fháistineach:**

a) (Ceannaigh) ______________ sé bronntanas dom ar mo lá breithe.

b) (Cabhraigh) ____________ mé le mo mháthair an deireadh seachtaine seo chugainn.

c) (Glan) ____________________ an halla ar Dé hAoine seo chugainn.

d) (Ní creid) ______________________ sé an scéal sin.

e) (Ní oscail) ________________ sé an doras.

5) **Scríobh amach na habairtí seo a leanas san Aimsir Fháistineach:**

a) (Díol) ____________ mo sheanleabhair scoile an samhradh seo chugainn.

b) (Ní tuig) ___________ sé an cheist mar beidh sí deacair.

c) Ní (brostaigh) __________ abhaile nuair a thosóidh sé ag cur báistí.

d) (Imir) ____________ mo chara ar fhoireann na scoile an bhliain seo chugainn.

e) (Féach) ____________ ar an teilifís anocht.

6) **Scríobh amach na habairtí seo a leanas san Aimsir Fháistineach:**

a) Ní (cabhraigh) ___________ muintir na hÉireann leis na bochtáin go minic an bhliain seo chugainn.

b) (Cóirigh) _____________ sí an leaba agus (glan) __________ sí an seomra sula (téigh) ____________ sí ar scoil.

c) Nuair a (imir) __________ Pól peil (bris) __________ sé a chos.

d) Ní (goid) ___________ siad airgead agus ansin ní (éalaigh) ____________ siad ón mbanc.

e) (Rith) _____________ sé amach ón teach agus (sroich) __________ sé an scoil in am.

CAIBIDIL 4
An Modh Coinníollach

An Modh Coinníollach – An Chéad Réimniú

An Chéad Réimniú – briathra le siolla amháin sa fhréamh

nó níos mó ná siolla amháin le síneadh fada sa siolla deireanach

An Modh Coinníollach

Úsáideann tú an Modh Coinníollach nuair atá –

a) 'would or could' san abairt Bhéarla

b) 'dá' san abairt

Briathar leathan

– **cuir séimhiú ar an gcéad chonsan nó d' roimh ghuta nó f** agus

-fainn | **-fadh** sibh
-fá | **-faidís**
-fadh sé/sí | **-faí**
-faimis

leis an bhfréamh

Dún	Ceap	Díol
Dhún**fainn**	Cheap**fainn**	Dhíol**fainn**
Dhún**fá**	Cheap**fá**	Dhíol**fá**
Dhún**fadh** sé/sí	Cheap**fadh** sé/sí	Dhíol**fadh** sé/sí

Dhún**faimis**	Cheap**faimis**	Dhíol**faimis**
Dhún**fadh** sibh	Cheap**fadh** sibh	Dhíol**fadh** sibh
Dhún**faidís**	Cheap**faidís**	Dhíol**faidís**
Dhúnfaí/Ní dhúnfaí	**Cheapfaí/Ní cheapfaí**	**Dhíolfaí/Ní dhíolfaí**
Ní dhún**fainn**	**Ní** cheap**fainn**	**Ní** dhíol**fainn**
An ndún**fá**?	**An** gceap**fá**?	**An** ndíol**fainn**?

Samplaí

Dhúnfainn an doras dá mbeadh sé oscailte – *I would close the door if it was open*

Dhíolfadh an fear leabhair sa siopa leabhar dá mbeadh sé ábalta – *The man would sell books in the bookshop if he was able*

Cleachtaí le déanamh ...

1) **Cuir na briathra seo a leanas sa Mhodh Coinníollach:**

a) fás b) fág c) féach d) glan e) íoc

2) **Cuir na briathra seo a leanas sa Mhodh Coinníollach:**

a) leag b) scuab c) cíor d) geall e) iarr

3) **Cuir na briathra seo a leanas in abairtí:**

a) d'fhéachfadh sé ____________________

b) phósfadh sí ______________________

c) gheallfaimis ________________________

d) ghearrfaí _________________________

e) scríobhfá __________________________

4) **Scríobh amach na habairtí seo a leanas sa Mhodh Coinníollach:**

a) (Scríobh) ________________ sí ina cóipleabhar dá mbeadh sí ar scoil.

b) (Féach) _____________ sé ar an gclár sin dá mbeadh sé ann.

c) Ní (fág mé) ______________ an teach ag a hocht dá mbeadh aon scoil agam.

d) (Glan) ________________ an teach dá mbeadh sé salach.

e) (Scuab) ________________ sé an t-urlár dá ndoirtfeadh sé ola air.

5) **Scríobh amach na habairtí seo a leanas sa Mhodh Coinníollach:**

a) (Ceap) ____________ sé go mbeadh an lá amárach go hiontach dá mbeadh an ghrian ag taitneamh.

b) (Féach: mé) ____________ ar *Eastenders* dá mbeadh an t-am agam.

c) (Fág) ____________ sí an teach maidin amárach ag a hocht agus rachadh sí ar scoil dá mbeadh an scoil ar siúl.

d) (Tóg: mé) ________________ mo hata ón gcófra dá mbeadh sé ag cur báistí.

e) Ní (ól: mé) ______________ bainne riamh mar gurbh fhuath liom é.

6) **Scríobh amach na habairtí seo a leanas sa Mhodh Coinníollach:**

a) Ní (íoc) ____________ mo chara as aon rud riamh mar ní bheadh an t-airgead aici.

b) (Coimeád) __________________ na daltaí siar Dé hAoine seo chugainn dá mbeidís dána.

c) (Siúil: mé) __________________ ar scoil dá mbeadh mo rothar briste.

d) (Cíor) ________________ sí a cuid gruaige maidin amárach dá mbeadh an t-am aici.

e) Ní (lean) _____________ mo mhadra chun na scoile mé amárach dá mbeinn ag imeacht ann.

An Modh Coinníollach – An Chéad Réimniú

Briathar caol
– cuir séimhiú ar an gcéad chonsan nó d' roimh ghuta nó f agus

-finn	**-feadh sibh**
-feá	**-fidís**
-feadh sé/sí	**-fí**
-fimis	

leis an bhfréamh

Fill	**Bris**	**Úsáid**
D'fhill**finn**	Bhris**finn**	D'úsáid**finn**
D'fhill**feá**	Bhris**feá**	D'úsáid**feá**
D'fhill**feadh** sé/sí	Bhris**feadh** sé/sí	D'úsáid**feadh** sé/sí
D'fhill**fimis**	Bhris**fimis**	D'úsáid**fimis**
D'fhill**feadh** sibh	Bhris**feadh** sibh	D'úsáid**feadh** sibh
D'fhill**fidís**	Bhris**fidís**	D'úsáid**fidís**
D'fhillfí/Ní fhillfí	**Bhrisfí/Ní bhrisfí**	**D'úsáidfí/Ní úsáidfí**
Ní fhill**finn**	**Ní bh**ris**finn**	**Ní** úsáid**finn**
An bhfill**feá**?	An **mb**ris**feá**?	**An** úsáid**feá**?

Samplaí

D'fhillfinn abhaile ón scoil amárach dá mbeinn tinn – *I would return home from school tomorrow if I was sick*

D'úsáidfeadh sí a peann dá mbeadh a peann luaidhe caillte – *She would use her pen if her pencil was lost*

Cleachtaí le déanamh ...

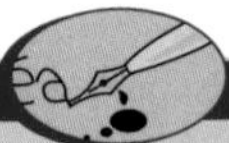

1) **Cuir na briathra seo a leanas sa Mhodh Coinníollach:**

a) éist b) léim c) tuill d) caill e) cuir

2) **Cuir na briathra seo a leanas sa Mhodh Coinníollach:**

a) caith b) rith c) buail d) doirt e) bain

3) **Cuir na briathra seo a leanas in abairtí:**

a) d'úsáidfeadh sé ____________________

b) rithfeadh sí ____________________

c) chaithfinn ____________________

d) thuillfí ____________________

e) d'éistfeá ____________________

4) **Scríobh amach na habairtí seo a leanas sa Mhodh Coinníollach:**

a) (Éist) ______________ sí leis an múinteoir ar scoil amárach dá mbeadh sí ann.

b) (Buail) ______________ sé lena chara Dé Luain seo chugainn dá mbeadh deis aige.

c) Ní (fill mé) ______________ ar an teach ag a cúig amárach dá mbeadh an bus in am.

d) (Tuill: siad) ______________ a lán airigid an deireadh seachtaine seo chugainn dá mbeidís ag obair.

e) An (caill) ______________ an cluiche peile Dé Sathairn seo chugainn dá mbeadh an pháirc go dona?

5) **Scríobh amach na habairtí seo a leanas sa Mhodh Coinníollach:**

a) (Buail: mé) ______________ le mo chara Dé Sathairn seo chugainn dá mbeadh sé ann.

b) (Lig) ______________ mo mháthair dom fáinne a chur i mo theanga dá n-iarrfainn sin uirthi.

c) Ní (caith) ______________ mo Dhaid toitíní ag an deireadh seachtaine seo chugainn dá mbeadh mo mháthair ann.

d) An (goid) ______________ úlla sa ghairdín sin an samhradh seo chugainn dá mbeadh úll ar bith ann?

e) Ní (sroich) ______________ an buachaill sin an scoil in am riamh dá mbeadh a rothar briste.

6) **Scríobh amach na habairtí seo a leanas sa Mhodh Coinníollach:**

a) (Bain:sinn) ______________ taitneamh as ár laethanta saoire an samhradh seo chugainn dá mbeadh an aimsir go deas.

b) (Mill) ______________ mo mháthair mo shaol mar ní (lig) ______________ sí dom dul chuig an dioscó.

c) (Cuir: mé) ______________ fearg ar m'athair dá mbeinn déanach.

d) (Mill) ______________ mo dheartháir mo shaol dá mbeadh sé ag troid liom amárach.

e) (Caill) ______________ mo chara a fón siúil dá mbeadh fón aici.

Briathra eile sa Chéad Réimniú

Léigh	**Suigh**	**Taispeáin**
Léi**finn**	Shuí**finn**	Thaispeán**fainn**
Léi**feá**	Shuí**feá**	Thaispeán**fá**
Léi**feadh** sé/sí	Shuí**feadh** sé/sí	Thaispeán**fadh** sé/sí
Léi**fimis**	Shuí**fimis**	Thaispeán**faimis**
Léi**feadh** sibh	Shuí**feadh** sibh	Thaispeán**fadh** sibh
Léi**fidís**	Shuí**fidís**	Thaispeán**faidís**
Léifí/Ní léifí	**Shúifí/Ní shuífí**	**Thaispeánfaí/Ní thaispeánfaí**
Ní léifinn	**Ní shuífinn**	**Ní thaispeánfainn**
An léifeá?	**An suífeá?**	**An dtaispeánfá?**

cuir séimhiú ar chonsan;

d' roimh ghuta nó f sa Mhodh Coinníollach

Samplaí

dhúnfainn/d'fhágfainn/d'imeoinn

Briathar leathan
(tosaigh, críochnaigh, gortaigh, sleamhnaigh) –

1) bain an **-aigh** den bhriathar

2) cuir

-óinn	**-ódh sibh**
-ófá	**-óidís**
-ódh sé/sí	**-ófaí**
-óimis	

leis an bhfréamh

Sampla

3) ceannaigh > ceann > cheannóinn

Tosaigh	Ceannaigh	Críochnaigh
Thos**óinn**	Ceann**óinn**	Chríochn**óinn**
Thos**ófá**	Cheann**ófá**	Chríochn**ófá**
Thos**ódh** sé/sí	Cheann**ódh** sé/sí	Chríochn**ódh** sé/sí
Thos**óimis**	Cheann**óimis**	Chríochn**óimis**
Thos**ódh** sibh	Cheann**ódh** sibh	Chríochn**ódh** sibh
Thos**óidís**	Cheann**óidís**	Chríochn**óidís**
Thosófaí/Ní thosófaí	**Cheannófaí/Ní cheannófaí**	**Chríochnófaí/Ní chríochnófaí**
Ní thosóinn	**Ní** cheann**óinn**	**Ní ch**ríochn**óinn**
An **dtosófá**?	**An** gceann**ófá**?	**An gc**ríochn**ófaí**?

Samplaí

Ní thosódh an scoil in am dá mbeadh dóiteán ann – *School would not start in time if there was a fire*

Chríochnóinn m'obair bhaile roimh a hocht tráthnóna inniu dá mbeadh deifir orm – *I would finish my homework before eight this evening if I was in a hurry*

Cleachtaí le déanamh ...

1) **Cuir na briathra seo a leanas sa Mhodh Coinníollach:**

a) sleamhnaigh b) cabhraigh c) socraigh

2) **Cuir na briathra seo a leanas sa Mhodh Coinníollach:**

a) gortaigh b) ullmhaigh c) scrúdaigh

3) **Cuir na briathra seo a leanas in abairtí:**

a) ghortódh sé ____________________

b) shleamhnódh an carr ____________________

c) thosófaí ____________________

d) chríochnóidís ______________________

e) scrúdódh an múinteoir ______________________

4) Scríobh amach na habairtí seo a leanas sa Mhodh Coinníollach:

a) (Ullmhaigh) ________________ sé an dinnéar tráthnóna inniu dá mbeadh sé ábalta.

b) Ní (gortaigh mé) _____________ mo chos dá (rith: mé) _________ go róthapaidh.

c) (Tosaigh) ______________ an clár sin ag leathuair tar éis a seacht dá mbeadh an teilifíseán ag obair.

d) (Cabhraigh) ________________ sé lena mháthair dá mbeadh sí tinn.

e) (Ceannaigh) ______________ milseáin ar an mbealach abhaile ón scoil dá mbeadh airgead acu.

5) Scríobh amach na habairtí seo a leanas sa Mhodh Coinníollach:

a) (Cónaigh) ___________ mo chara thíos faoin tuath an bhliain seo chugainn dá mbogfadh a theaghlach ann.

b) (Diúltaigh) ______________ a mháthair aon airgead breise a thabhairt dó dá mbeadh sé dána.

c) Ní (mothaigh) ___________ sí brónach dá bhféachfadh sí ar an scannán brónach sin.

d) (Brostaigh: mé) ___________ ar scoil maidin amárach dá mbeinn déanach.

e) Ní (cabhraigh) _____________ mo mháthair liom le m'obair bhaile dá mbeadh sí deacair.

6) Scríobh amach na habairtí seo a leanas sa Mhodh Coinníollach:

a) (Fiosraigh) ________________ na gardaí an áit dá dtarlódh timpiste ann.

b) (Ceartaigh) _________________ na cóipleabhair dá mbeadh gá leis.

c) Ní (tosaigh) ______________ an rang sin in am Dé Luain dá mbeadh an múinteoir déanach.

d) Ba bhreá liom milseáin agus (roghnaigh: mé) __________ iad nuair a bheinn sa siopa.

e) (Éalaigh) ________________ an leanbh amach ón teach i ngan fhios dá mháthair dá mbeadh sí ag caint ar an bhfón.

An Modh Coinníollach – An Dara Réimniú

Briathar caol
(éirigh, dúisigh, cuidigh, bailigh) –

1) bain an **-igh** den bhriathar

2) cuir

-eoinn	**-eodh sibh**
-eofá	**-eoidís**
-eodh sé/sí	**-eofaí**
-eoimis	

leis an bhfréamh

Sampla

3) dúisigh > dúis > dhúiseoinn

Imigh	**Dúisigh**	**Éirigh**
D'im**eoinn**	Dhúis**eoinn**	D'éir**eoinn**
D'im**eofá**	Dhúis**eofá**	D'éir**eofá**
D'im**eodh** sé/sí	Dhúis**eodh** sé/sí	D'éir**eodh** sé/sí
D'im**eoimis**	Dhúis**eoimis**	D'éir**eoimis**
D'im**eodh** sibh	Dhúis**eodh** sibh	D'éir**eodh** sibh
D'im**eoidís**	Dhúis**eoidís**	D'éir**eoidís**
D'imeofaí/ní imeofaí	**Dhúiseofaí/Ní dhúiseofaí**	**D'éireofaí/Ní éireofaí**
Ní imeoinn	**Ní dhúiseoinn**	**Ní éireoinn**
An imeofá?	**An ndúiseofá?**	**An éireofá?**

Samplaí

D'imeodh sé abhaile ag a cúig dá mbeadh an scoil críochnaithe – *He would go home at five if school was over.*

D'éireoinn ag a seacht a chlog dá mbeinn ar scoil – *I would get up at seven if I was at school.*

Cleachtaí le déanamh ...

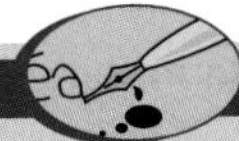

1) **Cuir na briathra seo a leanas sa Mhodh Coinníollach:**

a) bailigh b) cuidigh c) oibrigh

2) **Cuir na briathra seo a leanas sa Mhodh Coinníollach:**

a) cuimhnigh b) cóirigh c) impigh

3) **Cuir na briathra seo a leanas in abairtí:**

a) d'imeodh sí ________________

b) dhúiseofaí ________________

c) d'oibreodh m'athair ________________

d) d'éireofá ______________________

e) chuimhneodh an fear ______________________

4) **Scríobh amach na habairtí seo a leanas sa Mhodh Coinníollach:**

a) (Bailigh) ____________ na cóipleabhair dá mbeadh an obair déanta.

b) (Cóirigh: siad) ______________ na leapacha dá mbeadh an t-am acu.

c) (Dúisigh) _____________ an leanbh i rith na hoíche dá mbeadh sé tinn.

d) Ní (cuidigh) ________________ sé lena mháthair dá mbeadh cabhair ag teastáil.

e) (Oibrigh: siad) ________________ ó a deich go dtí a cúig Dé hAoine seo chugainn dá mbeadh gá leis.

5) **Scríobh amach na habairtí seo a leanas sa Mhodh Coinníollach:**

a) (Smaoinigh) ____________ sé ar a chara dá mbeadh a lá breithe ann.

b) Ní (éist: mé) __________ sa rang agus ní (foghlaim: mé) ___________ aon rud.

c) (Cóirigh) ______________ sí an leaba dá ndéarfadh a máthair léi é a dhéanamh.

d) (Dúisigh) _____________ siad ag a naoi ach ní (éirigh) ___________ siad go dtí a haon déag dá mbéidís tinn.

e) (Bailigh) _____________ sméara dubha an fómhar seo chugainn dá mbéidís ag fás.

6) **Scríobh amach na habairtí seo a leanas sa Mhodh Coinníollach:**

a) (Impigh) __________ sí ar a máthair airgead a thabhairt di ach ní (géill) __________ sí.

b) An (oibrigh: mé) __________ go dian ag an deireadh seachtaine dá mbeadh a lán obair bhaile agam?

c) (Caill) __________ sí a cuid airgid agus ní (aimsigh) __________ sí é dá mbeadh sí míchúramach.

d) (Cuimhnigh) __________ sé ar a sheanmháthair um Nollaig dá gcuirfeadh sí cárta chuige.

e) Ní (cuidigh: sinn) __________ lenár dtuismitheoirí mar nach mbeimis ann.

leathan le leathan

caol le caol

Briathra a chríochnaíonn le -ir, -ail, -is, -il

(imir, oscail, inis)

1) bain an **guta nó gutaí deireanacha** den bhriathar

2) cuir

-óinn nó -eoinn

-ófá nó -eofá

-ódh sé/sí nó -eodh sé/sí

-óimis nó -eoimis

-ódh sibh nó -eodh sibh

-óidís nó -eoidís

-ófaí nó -eofaí

leis an bhfréamh

Sampla

3) imir > imr > d'imreoinn

codail > codl > chodlóinn

Codail	**Imir**	**Inis**
Chodl**óinn**	D'imr**eoinn**	D'ins**eoinn**
Chodl**ófá**	D'imr**eofá**	D'ins**eofá**
Chodl**ódh** sé/sí	D'imr**eodh** sé/sí	D'ins**eodh** sé/sí
Chodl**óimis**	D'imr**eoimis**	D'ins**eoimis**
Chodl**ódh** sibh	D'imr**eodh** sibh	D'ins**eodh** sibh
Chodl**óidís**	D'imr**eoidís**	D'ins**eoidís**
Chodlófaí/Ní chodlófaí	**D'imreoinn/Ní imreoinn**	**D'inseofaí**
Ní chodlóinn	**Ní imreoinn**	**Ní inseoinn**
An gcodlófá?	**An imreofá?**	**An inseofá?**

Samplaí

Chodlódh sé go sámh anocht dá mbeadh tuirse air – *he would sleep soundly tonight if he was tired*

D'imreoinn leadóg an samhradh seo chugainn dá mbeadh raiceád agam – *I would play tennis next summer if I had a racket*

Cleachtaí le déanamh ... 

1) **Cuir na briathra seo a leanas sa Mhodh Coinníollach:**

a) oscail b) múscail c) freagair

2) **Cuir na briathra seo a leanas sa Mhodh Coinníollach:**

a) ceangail b) aithin c) freastail

3) **Cuir na briathra seo a leanas in abairtí:**

a) d'inseofaí ____________________________

b) chodlófá ______________________

c) d'fhreagródh sé ______________________________

d) d'imreoimis ________________________________

e) d'osclóinn ___________________________

4) **Scríobh amach na habairtí seo a leanas sa Mhodh Coinníollach:**

a) (Freagair) ________________ na ceisteanna dá mbeadh na páistí ann.

b) (Oscail) ______________ sé an doras dá mbeadh sé dúnta.

c) (Imir) ________________ na daltaí ar fhoireann na scoile i lár an bhaile dá mbeadh foireann ann.

d) (Imir siad) ________________ peil Ghaelach dá mbeadh an aimsir go maith.

e) An (codail mé) _____________ go sámh ag an deireadh seachtaine dá mbeinn tuirseach?

5) **Scríobh amach na habairtí seo a leanas sa Mhodh Coinníollach:**

a) Bheadh Máire i gcónaí i dtrioblóid dá (labhair) _____________ sí an t-am ar fad sa rang.

b) (Taitin) ________________ an Fhrainc go mór liom dá rachainn ann ar mo laethanta saoire.

c) (Freagair) ___________________ sé na ceisteanna go léir dá mbeadh sé an-chliste.

d) (Aithin) ________________ mé mo sheanmhúinteoir dá mbuailfinn léi ag an gcruinniú.

e) An (múscail) _________________ sí fearg sa mhúinteoir dá mbeadh sí i gcónaí ag caint?

6) **Scríobh amach na habairtí seo a leanas sa Mhodh Coinníollach:**

a) Ní (inis) __________________ an fhírinne riamh.

b) (Ceangail) ________________ a mháthair a bhróga dó mura mbeadh sé ábalta.

c) (Bagair) _______________ na gadaithe an garda dá mbeadh gunna acu.

d) An (imir: siad) _____________ go maith ag an gcluiche Dé Sathairn dá mbeidís ann.

e) Ní (codail) ____________ sé go sámh dá mbeadh sé róthe.

An Modh Coinníollach – Na Briathra Neamhrialta

Bí	Abair
bheinn	déarfainn
bheifeá	déarfá
bheadh sé/sí	déarfadh sé/sí
bheimis	déarfaimis
bheadh sibh	déarfadh sibh
bheidís	déarfaidís
bheifí/ní bheifí	déarfaí/ní déarfaí
ní bheinn	ní déarfainn
an mbeifeá?	an ndéarfá?

Feic	Téigh
d'fheicfinn	rachainn
d'fheicfeá	rachfá
d'fheicfeadh sé/sí	rachadh sé/sí
d'fheicfimis	rachaimis
d'fheicfeadh sibh	rachadh sibh
d'fheicfidís	rachaidís
d'fheicfí/ní fheicfí	rachfaí/ní rachfaí
ní fheicfinn	ní rachainn
an bhfeicfeá?	an rachfá?

Faigh	
gheobhainn	ní bhfaighinn
gheofá	ní bhfaighfeá
gheobhadh sé/sí	ní bhfaigheadh sé

gheobhaimis	ní bhfaighimis
gheobhadh sibh	ní bhfaigheadh sibh
gheobhaidís	ní bhfaighidís
gheofaí	ní bhfaighfí
an bhfaighinn?	an bhfaighfeá?

Déan	**Beir**
dhéanfainn	bhéarfainn
dhéanfá	bhéarfá
dhéanfadh sé/sí	bhéarfadh sé/sí
dhéanfaimis	bhéarfaimis
dhéanfadh sibh	bhéarfadh sibh
dhéanfaidís	bhéarfaidís
dhéanfaí/ní dhéanfaí	bhéarfaí/ní bhéarfaí
ní dhéanfainn	ní bhéarfainn
an ndéanfá?	an mbéarfá?

Clois	**Ith**
chloisfinn	d'íosfainn
chloisfeá	d'íosfá
chloisfeadh sé/sí	d'íosfadh sé/sí
chloisfimis	d'íosfaimis
chloisfeadh sibh	d'íosfadh sibh
chloisfidís	d'íosfaidís
chloisfí/ní chloisfí	d'íosfaí/ní íosfaí
ní chloisfinn	ní íosfainn
an gcloisfeá?	an íosfá?

Tabhair	Tar
thabharfainn	thiocfainn
thabharfá	thiocfá
thabharfadh sé/sí	thiocfadh sé/sí
thabharfaimis	thiocfaimis
thabharfadh sibh	thiocfadh sibh
thabharfaidís	thiocfaidís
thabharfaí/ní thabharfaí	thiocfaí/ní thiocfaí
ní thabharfainn	ní thiocfainn
an dtabharfá?	an dtiocfá?

Cleachtaí le déanamh ...

1) **Cuir na briathra seo a leanas in abairtí:**

a) dhéanfadh sé ______________________

b) d'fheicfí ______________________

c) bheadh sé ______________________

d) ní thiocfadh sé ______________________

e) rachadh an teaghlach ______________________

2) **Cuir na briathra seo a leanas in abairtí:**

a) gheobhadh sé ______________________

b) d'íosfaimis ______________________

c) ní chloisfeadh sé ______________________

d) an íosfadh sé? ______________________

e) bheadh sé ______________________

3) **Scríobh amach na habairtí seo a leanas sa Mhodh Coinníollach:**

a) (Téigh) ____________ sé abhaile go luath dá mbeadh sé ábalta.

b) (Ní déan) ____________ sé a obair bhaile dá mbeadh sé leisciúil.

c) An (abair) ____________ go mbeadh an lá go deas.

d) (Beir) ____________ na gardaí ar an ngadaí dá gcuirfí glao orthu.

e) (Clois) ______________ an leanbh a mháthair ag canadh dá mbeadh sé ina dhúiseacht.

4) **Scríobh amach na habairtí seo a leanas sa Mhodh Coinníollach:**

a) An (ith) ________________ sé bricfeasta mór dá mbeadh ocras air?

b) (Déan) _______________ sé dearmad ar a chóipleabhar dá mbeadh deifir air.

c) (Tabhair mé) ________________ airgead do na daoine bochta ag an Nollaig dá mbeadh airgead agam.

d) An (faigh siad) ____________ a lán obair bhaile ar an Aoine dá mbeadh an múinteoir crosta?

e) (Téigh tú) ________________ amach le mo chairde dá mbeadh m'obair bhaile críochnaithe agam.

5) **Scríobh amach na habairtí seo a leanas sa Mhodh Coinníollach:**

a) (Bí) ____________ sé ag cur báistí dá mbeinn ag dul amach.

b) An (feic) ___________ sé a chara ar scoil dá mbeadh sé ann.

c) Ní (faigh: sinn) ____________ a lán obair bhaile an tseachtain seo chugainn dá mbeadh an múinteoir as láthair.

d) Ní (téigh) ___________ sé amach lena chairde i rith na seachtaine dá mbeadh sé tinn.

e) (Cuir) _________ sé fearg ar an múinteoir dá ndéanfadh sé praiseach den obair

6) **Scríobh amach na habairtí seo a leanas sa Mhodh Coinníollach:**

a) Ní (beir) _________ na gardaí ar na gadaithe in am agus (éalaigh: siad) __________ ón siopa.

b) Ní (tar: mé) ___________ abhaile ón scoil go dtí a ceathair dá mbeadh an bus déanach.

c) (Clois) ___________ an clog aláraim ag bualadh dá mbeadh an clog ag obair.

d) (Téigh: siad) ___________ go dtí McDonald's Dé hAoine seo chugainn agus (ith: siad) ____________ sceallóga ann dá mbeadh airgead acu.

e) (Tabhair: mé) ____________ aire do mo dheartháir óg ag an deireadh seachtaine dá (téigh) ___________ mo thuismitheoirí amach.

Súil Siar

1) **Cuir na briathra seo a leanas sa Mhodh Coinníollach:**

a) creid b) smaoinigh c) tuig d) brostaigh e) oscail

2) **Cuir na briathra seo a leanas sa Mhodh Coinníollach:**

a) imigh b) ól c) fág d) can e) mol

3) **Cuir na briathra seo a leanas sa Mhodh Coinníollach:**

a) téigh b) íoc c) ceannaigh d) buail e) ardaigh

4) **Scríobh amach na habairtí seo a leanas sa Mhodh Coinníollach:**

a) Ní (ceannaigh) ______________ sé bronntanas dom ar mo lá breithe fiú dá mbeadh an t-airgead aige.

b) (Cabhraigh mé) ____________ le mo mháthair an deireadh seachtaine seo chugainn dá mbeadh tuirse uirthi.

c) (Glan) _____________________ an halla Dé hAoine dá mbeadh sé salach.

d) Ní (creid) _______________________ sé an scéal sin mar (bí) __________ sé amaideach.

e) An (oscail sé) _________________ an doras dá mbeadh sé dúnta?

5) **Scríobh amach na habairtí seo a leanas sa Mhodh Coinníollach:**

a) (Díol mé) _________ mo sheanleabhair scoile an samhradh seo chugainn dá mbeadh airgead ag teastáil uaim.

b) (Ní tuig) ___________ an cheist dá mbeadh sí deacair.

c) (Brostaigh) ____________ sibh abhaile dá dtosódh sé ag cur báistí.

d) (Imir) _________ mo chara ar fhoireann na scoile an bhliain seo chugainn dá mbeadh sé go maith.

e) An (féach) __________ ar an teilifís anocht dá mbeadh aon chlár maith ann?

6) **Scríobh amach na habairtí seo a leanas:**

a) (Cabhraigh) ____________ muintir na hÉireann leis na bochtáin dá mbeadh cabhair ag teastáil.

b) (Cóirigh) ______________ sí an leaba agus (glan) ___________ sí an seomra sula (téigh) _____________ sí ar scoil.

c) Nuair a (imir) ___________ Pól peil (bris) ___________ sé a chos dá mbeadh an talamh sleamhain.

d) (Goid siad) ____________ airgead agus ansin (éalaigh siad) ____________ ón mbanc dá mbeadh an deis acu.

e) (Rith) ______________ sé amach ón teach agus (sroich) ___________ sé an scoil in am dá bhfágfadh sé an teach ag a hocht.

CAIBIDIL 5
An Aimsir Ghnáthchaite

Úsáideann tú an Aimsir Ghnáthchaite nuair atá tú ag caint faoi rudaí a tharla go minic agus go rialta san am a chuaigh thart – mar shampla

nuair a bhí m'athair óg **thógadh** sé a rothar amach gach Satharn agus **théadh** sé amach ag rothaíocht. **Bhíodh** picnic aige agus **d'itheadh** sé ceapairí agus **d'óladh** sé bainne.

Rialacha le foghlaim

cuir ***séimhiú*** ar chonsan;

d' roimh ghuta nó f;

ní an mhír dhiúltach;

an an mhír cheisteach.

An Chéad Réimniú

Briathar leathan	**Briathar caol**
cuir	cuir
-ainn	**-inn**
-tá	**-teá**
-adh sé/sí	**-eadh sé/sí**
-aimis	**-imis**
-adh sibh	**-eadh sibh**
-aidís	**-idís**
-taí	**-tí**
leis an bhfréamh	leis an bhfréamh

Dún	Fág	Ól
Dhúnainn	**D'fhágainn**	**D'ólainn**
Dhuntá	**D'fhágtá**	**D'óltá**
Dhúnadh sé/sí	**D'fhágadh** sé/sí	**D'óladh** sé/sí
Dhúnaimis	**D'fhágaimis**	**D'ólaimis**
Dhúnadh sibh	**D'fhágadh** sibh	**D'óladh** sibh
Dhúnaidís	**D'fhágaidís**	**D'ólaidís**
Dhúntaí/Ní dhúntaí	**D'fhágtaí/Ní fhagtaí**	**D'óltaí/Ní óltaí**
Ní dhúnainn	**Ní fhág**ainn	**Ní** ólainn
An ndúntá?	**An bhfág**tá?	**An** óltá?

Samplaí

Dhúnainn an doras gach tráthnóna nuair a bhínn ag teacht abhaile ón scoile – *I used to close the door every evening when I came home from school*

Dhíoladh an fear leabhair sa siopa leabhar ar feadh na mblianta – *the man used to sell books in the shop for years*

Cleachtaí le déanamh ...

1) **Cuir na briathra seo a leanas san Aimsir Ghnáthchaite:**

a) fás b) ceap c) íoc d) tóg e) meas

2) **Cuir na briathra seo a leanas san Aimsir Ghnáthchaite:**

a) leag b) scuab c) cíor d) geall e) iarr

3) **Cuir na briathra seo a leanas in abairtí:**

a) d'fhéachadh sé ______________________

b) phósadh sé ______________________

c) ghealltaí ______________________

d) ghearraidís ______________________

e) scríobhtá ______________________

4) **Scríobh amach na habairtí seo a leanas san Aimsir Ghnáthchaite:**

a) (Scríobh) ________________ sí ina cóipleabhar gach lá anuraidh.

b) Ní (féach) ________________ sé ar an gclár sin gach Luan an mhí seo caite.

c) (Fág: mé) ______________________ an teach ag a hocht gach maidin nuair a bhínn ag obair.

d) (Glan) ________________ an teach gach lá anuraidh.

e) (Scuab) ________________ sé an t-urlár gach oíche an samhradh seo caite.

5) **Scríobh amach na habairtí seo a leanas san Aimsir Ghnáthchaite:**

a) (Ceap) ________________ sé go raibh sé go hiontach nuair a bhíodh airgead aige.

b) (Féach: mé) ______________ ar 'Eastenders' nuair a bhíodh sé ar siúl.

c) (Fág) ________________ sé an teach ag a hocht gach maidin nuair a bhíodh an bus ag teacht.

d) (Glan: siad) ________________ an teach gach lá an mhí seo caite.

e) (Scuab) ______________ sé an t-urlár nuair a bhíodh sé salach.

6) **Scríobh amach na habairtí seo a leanas san Aimsir Ghnáthchaite:**

a) An (coimeád) ________________ an múinteoir na daltaí dána siar gach Aoine an mhí seo caite?

b) (Cíor) ________________ sé a chuid gruaige gach maidin roimh scoil anuraidh.

c) (Leag) ______________ sé aon seanteach a bhí san áit fadó.

d) Ní (fág) ______________ sí an teach ag a hocht gach tráthnóna agus ní théadh sé amach ag siúl.

e) (Féach sé) ______________ ar an gclár sin gach Luan i rith an gheimhridh atá imithe thart.

An Aimsir Ghnáthchaite - Briathar caol

cuir

-inn **-eadh sibh**

-teá **-idís**

-eadh sé/sí **-tí**

-imis

leis an bhfréamh

Fill	Bris	**Úsáid**
D'fhill**inn**	Bhris**inn**	D'úsáid**inn**
D'fhill**teá**	Bhris**teá**	D'úsáid**teá**
D'fhill**eadh** sé/sí	Bhris**eadh** sé/sí	D'úsáid**eadh** sé/sí
D'fhill**imis**	Bhris**imis**	D'úsáid**imis**
D'fhill**eadh** sibh	Bhris**eadh** sibh	D'úsáid**eadh** sibh
D'fhill**idís**	Bhris**idís**	D'úsáid**idís**
D'fhill**tí/Ní fhilltí**	Bhris**tí/Ní bhristí**	D'úsáid**tí/Ní úsáidtí**
Ní fhill**inn**	**Ní** bhris**inn**	**Ní** úsáid**inn**
An bhfill**teá?**	**An** mbris**teá?**	**An** úsáid**teá?**

Samplaí

D'fhillinn abhaile ón scoil ag a cúig gach lá an téarma seo caite – *I used to return home from school at five every day last term*

D'úsáideadh sí a peann go minic – *She used to use her pen often*

Cleachtaí le déanamh ...

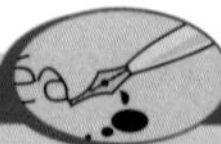

1) **Cuir na briathra seo a leanas san Aimsir Ghnáthchaite:**

   a) éist b) léim c) tuill d) caill e) cuir

2) **Cuir na briathra seo a leanas san Aimsir Ghnáthchaite:**

   a) caith b) rith c) buail d) stróic e) bain

3) Cuir na briathra seo a leanas in abairtí:

a) d'úsáideadh sé ____________________

b) ritheadh sí ____________________

c) chaithimis ____________________

d) thuilltí ____________________

e) d'éisteá ____________________

4) Scríobh amach na habairtí seo a leanas san Aimsir Ghnáthchaite:

a) (Éist) ______________ sí leis an múinteoir ar scoil nuair a théadh sí ann.

b) An (buail) ______________ sé lena chara gach Luan an samhradh seo caite?

c) (Fill mé) ______________ ar an teach ag a cúig tar éis na scoile gach lá anuraidh.

d) (Tuill siad) ______________ a lán airigid gach deireadh seachtaine nuair a bhídís ag obair.

e) (Caill) ______________ gach cluiche peile a d'imrítí anuraidh.

5) Scríobh amach na habairtí seo a leanas san Aimsir Ghnáthcaite:

a) An (buail: mé) ____________ le mo chairde gach Satharn anuraidh?

b) (Lig) ____________ mo mháthair dom fáinne a chur i mo theanga nuair a bhí mé óg.

c) Ní (caith) ____________ mo Dhaid toitíní nuair a bhí sé óg.

d) (Goid) ____________ na buachaillí úlla sa ghairdín sin gach lá an samhradh seo caite.

e) Ní (sroich) ____________ an buachaill sin an scoil in am riamh nuair a bhíodh sé ag siúl.

6) Scríobh amach na habairtí seo a leanas san Aimsir Ghnáthchaite:

a) (Bain: sinn) ______________ taitneamh as ár laethanta saoire nuair a bhíomar óg.

b) (Mill) ______________ mo mháthair mo shaol mar ní (lig) ______________ sí dom dul chuig an dioscó nuair a bhí mé óg.

c) (Cuir: mé) ______________ fearg ar m'athair gach uair a bhínn déanach.

d) (Mill) ______________ mo dheartháir mo shaol mar bhíodh sé ag troid liom i gcónaí.

e) (Caill) ______________ mo chara gach fón siúil a cheannaítí di.

Léigh	Suigh	Taispeáin
Léinn	Shuínn	Thaispeánainn
Léiteá	Shuíteá	Thaispeántá
Léadh sé/sí	Shuíodh sé/sí	Thaispeánadh sé/sí
Léimis	Shuímis	Thaispeánaimis
Léadh sibh	Shuíodh sibh	Thaispeánadh sibh
Léidís	Shuídís	Thaispeánaidís
Léití/Ní léití	Shuítí/Ní shuítí	Thaispeántaí/Ní thaispeantaí
Ní léinn	Ní shuínn	Ní thaispeánainn
An léiteá?	An suíteá?	An dtaispeántá?

An Aimsir Ghnáthchaite – An Dara Réimniú

cuir ***séimhiú*** ar chonsan;

d' roimh ghuta nó f, san Aimsir Ghnáthchaite

Briathar leathan
(eg. **tosaigh, críochnaigh, gortaigh, sleamhnaigh**)

1) bain an **-aigh** den bhriathar

2) cuir

-aínn **-aíodh sibh**

-aíteá **-aídís**

-aíodh sé/sí **-aítí**

-aímis

leis an bhfréamh

3) gortaigh > gort > ghortaínn

Tosaigh	**Ceannaigh**	**Críochnaigh**
Thos**aínn**	Ceann**aínn**	Chríochn**aínn**
Thos**aíteá**	Cheann**aíteá**	Chríochn**aíteá**
Thos**aíodh** sé/sí	Cheann**aíodh** sé/sí	Chríochn**aíodh** sé/sí
Thos**aímis**	Cheann**aímis**	Chríochn**aímis**
Thos**aíodh** sibh	Cheann**aíodh** sibh	Chríochn**aíodh** sibh
Thos**aídís**	Cheann**aídís**	Chríochn**aídís**
Thos**aítí/Ní thosaítí**	**Cheannaítí/Ní cheannaítí**	**Chríochnaítí/Ní chríochnaítí**
Ní thosaínn	**Ní cheannaínn**	**Ní chríochnaínn**
An dtosaíteá?	**An gceannaíteá?**	**An gcríochnaíteá?**

Samplaí

Ní thosaíodh an scoil in am riamh nuair a bhínn ag freastal uirthi – *School never started on time when I went there*

Chríochnaínn m'obair bhaile roimh a hocht gach tráthnóna an mhí seo caite – *I used to finish my homework before eight every evening last month*

Cleachtaí le déanamh ...

1) **Cuir na briathra seo a leanas san Aimsir Ghnáthchaite:**

a) sleamhnaigh b) cabhraigh c) socraigh

2) **Cuir na briathra seo a leanas san Aimsir Ghnáthchaite:**

a) gortaigh b) ullmhaigh c) scrúdaigh

3) **Cuir na briathra seo a leanas in abairtí:**

a) ghortaíodh sé ____________________

b) shleamhnaíodh an carr ____________________

c) thosaítí ______________________________

d) chríochnaídís ______________________________

e) scrúdaíodh an múinteoir ______________________________

4) Scríobh amach na habairtí seo a leanas san Aimsir Ghnáthchaite:

a) An (ullmhaigh) __________________ sé an dinnéar i gcónaí anuraidh?

b) (Gortaigh mé) ______________ mo chos aon uair a rithinn.

c) Ní (tosaigh) _______________ an clár sin ag leathuair tar éis a seacht gach Céadaoin anuraidh.

d) (Cabhraigh) _________________ sé lena mháthair nuair a bhíodh sí tinn.

e) (Ceannaigh siad) _______________ milseáin ar an mbealach abhaile ón scoil aon uair a bhíodh airgead acu.

5) Scríobh amach na habairtí seo a leanas san Aimsir Ghnáthchaite:

a) (Cónaigh) _____________ mo chara thíos faoin tuath an bhliain seo caite.

b) An (diúltaigh) _______________ a mháthair aon airgead breise a thabhairt dó aon uair a d'impíodh sé é sin uirthi?

c) (Mothaigh) ______________ sí brónach nuair a d'fhéachadh sí ar scannáin bhrónacha.

d) (Brostaigh: mé) ____________ ar scoil gach maidin a bhínn déanach.

e) (Cabhraigh) _______________ mo mháthair liom le m'obair bhaile aon uair a bhíodh sí deacair.

6) Scríobh amach na habairtí seo a leanas san Aimsir Ghnáthchaite:

a) (Fiosraigh) __________________ an áit gach uair a tharla timpiste ann.

b) An (ceartaigh) __________________ an múinteoir na cóipleabhair gach Aoine an téarma seo caite?

c) Ní (tosaigh) _________________ an rang sin in am maidin Luain an bhliain seo caite.

d) Ba bhreá liom milseáin agus (roghnaigh: mé) ___________ iad aon uair a bhínn sa siopa.

e) (Éalaigh) __________________ an leanbh amach ón teach i ngan fhios dá mháthair nuair a bhíodh sé ábalta.

An Aimsir Ghnáthchaite – An Dara Réimniú

Briathar caol
(eg. **éirigh, dúisigh, cuidigh, bailigh**)

1) bain an **-igh** den bhriathar
2) cuir

-ínn	**-íodh sibh**
-íteá	**-ídís**
-íodh sé/sí	**-ítí**
-ímis	

leis an bhfréamh

Sampla

dúisigh > dúis > dhúisínn

Imigh	**Dúisigh**	**Éirigh**
D'im**ínn**	Dhuis**ínn**	D'éir**ínn**
D'im**íteá**	Dhúis**íteá**	D'éir**íteá**
D'im**íodh** sé/sí	Dhúis**íodh** sé/sí	D'éir**íodh** sé/sí
D'im**ímis**	Dhúis**ímis**	D'éir**ímis**
D'im**íodh** sibh	Dhúis**íodh** sibh	D'éir**íodh** sibh
D'im**ídís**	Dhúis**ídís**	D'éir**ídís**
D'imítí/Ní imítí	**Dhuisítí/Ní dhúisítí**	**D'éirítí/Ní éirítí**
Ní imínn	**Ní dhúisínn**	**Ní éirínn**
An imíteá?	**An ndúisíteá?**	**An éiríteá?**

Cleachtaí le déanamh ...

1) **Cuir na briathra seo a leanas san Aimsir Ghnáthchaite:**

i) bailigh ii) cuidigh iii) oibrigh

2) **Cuir na briathra seo a leanas san Aimsir Ghnáthchaite:**

i) cuimhnigh ii) cóirigh iii) impigh

3) **Scríobh amach na habairtí seo a leanas san Aimsir Ghnáthchaite:**

a) d'imíodh sí ______________________________

b) dhúisídís ______________________________

c) d'oibríodh m'athair ______________________________

d) d'éiríteá ______________________________

e) chuimhnítí ______________________________

5) **Scríobh amach na habairtí seo a leanas san Aimsir Ghnáthchaite:**

a) An (bailigh) ____________ an múinteoir na cóipleabhair gach Aoine anuraidh?

b) (Cóirigh: siad) ______________ na leapacha gach maidin an tseachtain seo caite.

c) Ní (dúisigh) ______________ an leanbh i rith na hoíche ar feadh dhá mhí.

d) (Cuidigh) ______________ sé lena mháthair nuair a bhíodh cabhair uaithi.

e) (Oibrigh: siad) ________________ ó a deich go dtí a cúig gach Aoine an mhí seo caite.

5) **Scríobh amach na habairtí seo a leanas san Aimsir Ghnáthchaite:**

a) (Smaoinigh) ____________ sé ar a chara go minic anuraidh.

b) Ní (éist: mé) __________ sa rang agus ní (foghlaim: mé) __________ aon rud anuraidh.

c) (Cóirigh) ____________ sí an leaba aon uair a d'fhanadh sí sa teach.

d) (Dúisigh) ____________ siad ag a naoi ach ní (éirigh) __________ siad go dtí a haon déag gach Satharn an mhí seo caite.

e) (Bailigh) ____________ sméara dubha gach fómhar nuair a bhí mise óg.

6) **Scríobh amach na habairtí seo a leanas san Aimsir Ghnáthchaite:**

a) (Impigh) ____________ sí ar a máthair airgead a thabhairt di ach ní (géill) ____________ sí riamh.

b) (Oibrigh: mé) ____________ go dian gach deireadh seachtaine nuair a bhíodh a lán obair bhaile agam.

c) (Caill) _________ sí a cuid airgid agus ní (aimsigh) ___________ sí é gach lá an mhí seo caite.

d) (Cuimhnigh) _______________ sé ar a sheanmháthair gach Nollaig agus chuireadh sé cárta chuici.

e) Ní (cuidigh: sinn) ______________ lenár dtuismitheoirí mar ní bhímis ann.

An Aimsir Ghnáthchaite – An Dara Réimniú

Briathra a chríochnaíonn le -ir, -ail, -is, -il
(eg. **imir, oscail, inis**)

1) bain an **guta nó gutaí deireanacha** den bhriathar

2) cuir

-ínn nó -aínn

-íteá nó -aíteá

-íodh sé/sí nó -aíodh sé/sí

-ímis nó -aímis

-íodh sibh nó -aíodh sibh

-ídís nó -aídís

-ítí nó -aítí

leis an bhfréamh

Sampla

imir > imr > d'imrínn

codail > codl > chodlaínn

Codail	**Imir**	**Inis**
Chodl**aínn**	D'imr**ínn**	D'ins**ínn**
Chodl**aíteá**	D'imr**íteá**	D'ins**ítí**
Chodl**aíodh** sé/sí	D'imr**íodh** sé/sí	D'ins**íodh** sé/sí
Chodl**aímis**	D'imr**ímis**	D'ins**ímis**
Chodl**aíodh** sibh	D'imr**íodh** sibh	D'ins**íodh** sibh
Chodl**aídís**	D'imr**ídís**	D'ins**ídís**
Chodlaítí/Ní chodlaítí	**D'imrítí/Ní imrítí**	**D'insítí/Ní insití**
Ní chodlaínn	**Ní imrínn**	**Ní insínn**
An gcodlaíteá?	**An imrítí?**	**An insítí?**

Samplaí

Chodlaíodh sé go sámh nuair a bhíodh tuirse air – *he used to sleep soundly when he was tired*

D'imrínn leadóg gach lá an samhradh seo caite – *I used to play tennis every day last summer*

Cleachtaí le déanamh ...

1) **Cuir na briathra seo a leanas san Aimsir Ghnáthchaite:**

a) oscail b) múscail c) freagair

2) **Cuir na briathra seo a leanas san Aimsir Ghnáthchaite:**

a) ceangail b) aithin c) bagair

3) **Cuir na briathra seo a leanas in abairtí:**

a) d'insíodh sí ______________________

b) chodlaíteá ____________________

c) d'fhreagraítí ______________________

d) d'imrímis __________________________

e) d'osclaínn ______________________

4) Scríobh amach na habairtí seo a leanas san Aimsir Ghnáthchaite:

a) An (freagair) _____________ an múinteoir na ceisteanna a chuireadh na páistí uirthi?

b) (Oscail) ___________ sé an doras don tseanbhean i gcónaí.

c) (Imir) _____________ na daltaí ar fhoireann na scoile i lár an bhaile nuair a bhí scoil ann.

d) (Imir siad) _____________ peil Ghaelach nuair a bhíodh an aimsir go maith.

e) Ní (codail mé) ___________ go sámh gach deireadh seachtaine fiú nuair a bhínn tuirseach.

5) Scríobh amach na habairtí seo a leanas san Aimsir Ghnáthchaite:

a) Bhíodh Máire i gcónaí i dtrioblóid mar (labhair) ___________ sí an t-am ar fad sa rang.

b) (Taitin) _____________ an Fhrainc go mór liom mar théinn ann ar mo laethanta saoire.

c) (Freagair) _______________ na ceisteanna go léir ar scoil.

d) Ní (bagair) ________________ an fear a mhadra ar na páistí go minic an samhradh seo caite.

e) (Múscail) ______________ sí fearg sa mhúinteoir gach uair a bhíodh sí ag caint.

6) Scríobh amach na habairtí seo a leanas san Aimsir Ghnáthchaite:

a) Ní (inis) ______________ sé an fhírinne riamh.

b) (Ceangail) ______________ a mháthair a bhróga dó mar nach mbíodh sé ábalta.

c) (Bagair) _____________ na gadaithe an garda gach uair a bhrisidís isteach sa bhanc.

d) (Imir: siad) ___________ go maith ag an gcluiche Dé Sathairn.

e) Ní (codail) __________ sí go sámh nuair a bhíodh sí ar a laethanta saoire.

An Aimsir Ghnáthchaite – Na Briathra Neamhrialta

Bí	**Abair**
bhínn	deirinn
bhíteá	deirteá
bhíodh sé/sí	deireadh sé/sí
bhímis	deirimis
bhíodh sibh	deireadh sibh
bhídís	deiridís
bhítí/ní bhítí	**deirtí/ní deirtí**
ní bhínn	**ní deirinn**
an mbíteá?	**an ndeirteá?**

Feic	**Faigh**
d'fheicinn	d'fhaighinn
d'fheicteá	d'fhaighteá
d'fheiceadh sé/sí	d'fhaigheadh sé/sí
d'fheicimis	d'fhaighimis
d'fheiceadh sibh	d'fhaigheadh sibh
d'fheicidís	d'fhaighidís
d'fheictí/ní fheictí	**d'fhaightí/ní fhaightí**
ní fheicinn	**ní fhaighinn**
an bhfeicteá?	**an bhfaighteá?**

Téigh	**Déan**
théinn	dhéanainn
théiteá	dhéantá
théadh sé/sí	dhéanadh sé/sí
théimis	dhéanaimis
théadh sibh	dhéanadh sibh

théidís	dhéanaidís
théití/ní théití	**dhéantaí/ní dhéantaí**
ní théinn	**ní dhéanainn**
an dtéiteá?	**an ndéantá?**

Beir	**Clois**
bheirinn	chloisinn
bheirteá	chloisteá
bheireadh sé/sí	chloiseadh sé/sí
bheirimis	chloisimis
bheireadh sibh	chloiseadh sibh
bheiridís	chloisidís
bheirtí/ní bheirtí	**chloistí/ní chloistí**
ní bheirinn	**ní chloisinn**
an mbeirteá?	**an gcloisteá?**

Ith	**Tabhair**
d'ithinn	thugainn
d'iteá	thugtá
d'itheadh sé/sí	thugadh sé/sí
d'ithimis	thugaimis
d'itheadh sibh	thugadh sibh
d'ithidís	thugaidís
d'ití/ní ití	**thugtaí/ní thugtaí**
ní ithinn	**ní thugainn**
an iteá?	**an dtugtá?**

Tar
thagainn
thagtá

thagadh sé/sí
thagaimis
thagadh sibh
thagaidís
thagtaí/ní thagtaí
ní thagainn
an dtagtá?

Cleachtaí le déanamh ...

1) **Cuir na briathra seo a leanas in abairtí:**

a) dhéanadh sé ____________________

b) d'fheicinn ____________________

c) bhíodh sé ____________________

d) ní thagadh sé ____________________

e) théadh an teaghlach ____________________

2) **Cuir na briathra seo a leanas in abairtí:**

a) d'fhaigheadh sé ____________________

b) d'ithimis ____________________

c) ní chloisfeadh sé ____________________

d) an ití? ____________________

e) bhíodh sibh ____________________

3) **Scríobh amach na habairtí seo a leanas san Aimsir Ghnáthchaite:**

a) (Téigh) __________ sé abhaile go luath gach lá an tseachtain seo caite.

b) Ní (déan) __________ sé a obair bhaile riamh ina sheanscoil.

c) (Abair) __________ sí go raibh bronntanas aici dom i gconaí ach ní raibh.

d) (Beir) __________ na gardaí ar an ngadaí i gconaí sna laethanta a chuaigh thart.

e) (Clois) __________ an leanbh a mháthair ag canadh sa ghairdín gach oíche nuair a bhí sé óg.

4) Scríobh amach na habairtí seo a leanas san Aimsir Ghnáthchaite:

a) (Ith) ________________ sé bricfeasta mór roimh gach scrúdú staire.

b) (Déan) ________________ sí dearmad ar a cóipleabhar gach lá an mhí seo caite.

c) (Tabhair) ________________ airgead do na daoine bochta gach Nollaig.

d) Ní (faigh siad) ____________ a lán obair bhaile gach Aoine.

e) (Téigh tú) ________________ amach le do chairde gach oíche Shathairn anuraidh.

5) Scríobh amach na habairtí seo a leanas san Aimsir Ghnáthchaite:

a) (Bí) ____________ sé ag cur báistí gach lá an samhradh seo caite.

b) An (feic) ____________ sé a chara ar scoil gach lá anuraidh?

c) (Faigh: sinn) __________ a lán obair bhaile an mhí seo caite mar bhí an múinteoir crosta.

d) Ní (téigh) ____________ sé amach go minic lena chairde an tseachtain seo caite.

e) (Déan) ____________ praiseach den obair agus (cuir) __________ fearg ar an múinteoir gach lá anuraidh.

6) Scríobh amach na habairtí seo a leanas san Aimsir Ghnáthchaite:

a) Ní (beir) _________ na gardaí ar na gadaithe in am riamh agus (éalaigh) ___________ ón siopa.

b) Ní (tar: mé) ____________ abhaile ón scoil go dtí a ceathair gach lá an mhí seo caite.

c) (Clois) ____________ sé an clog aláraim ag bualadh gach maidin.

d) (Téigh: siad) ____________ go dtí McDonald's gach Aoine anuraidh agus (ith) ____________ sceallóga ann.

e) (Tabhair: mé) ____________ aire do mo dheartháir óg gach deireadh seachtaine ar feadh cúig bliana mar (téigh) ___________ mo thuismitheoirí amach.

Súil Siar

1) Cuir na briathra seo a leanas san Aimsir Ghnáthchaite:

a) creid b) smaoinigh c) tuig d) brostaigh e) oscail

2) **Cuir na briathra seo a leanas san Aimsir Ghnáthchaite:**

a) imigh b) ól c) fág d) can e) mol

3) **Cuir na briathra seo a leanas san Aimsir Ghnáthchaite:**

a) téigh b) íoc c) ceannaigh d) buail e) ardaigh

4) **Scríobh amach na habairtí seo a leanas san Aimsir Ghnáthchaite:**

a) (Ceannaigh) _____________ bronntanas dom ar mo lá breithe gach bliain nuair a bhí mé óg.

b) (Cabhraigh mé) _____________ le mo mháthair gach deireadh seachtaine nuair nach mbínn gnóthach.

c) (Glan siad) ____________________ an halla gach Aoine an mhí seo caite.

d) (Ní creid) ______________________ sé aon scéal.

e) (Ní oscail) ________________ sé an doras don tseanbhean riamh.

5) **Scríobh amach na habairtí seo a leanas san Aimsir Ghnáthchaite:**

a) (Díol mé) _________ mo sheanleabhair scoile gach samhradh.

b) (Ní tuig) ______________ aon cheist a bhí deacair.

c) (Brostaigh) __________ sibh abhaile nuair a thosaíodh sé ag cur báistí.

d) (Imir) ___________ mo chara ar fhoireann na scoile.

e) (Féach) __________ sé ar an teilifís gach lá anuraidh.

6) **Scríobh amach na habairtí seo a leanas san Aimsir Ghnáthchaite:**

a) (Cabhraigh) ___________ muintir na hÉireann leis na bochtáin go minic.

b) (Cóirigh) _____________ sí an leaba agus (glan) __________ sí an seomra sula (téigh) ___________ sí ar scoil i gcónaí.

c) Nuair a (imir) __________ Pól peil (bris) __________ sé a chos.

d) An (goid: siad) ___________ airgead agus an (éalaigh) ___________ siad ón mbanc i gcónaí?

e) (Rith) ____________ sé amach ón teach agus (sroich) ___________ sé an scoil in am.

CAIBIDIL 6
An Chopail

1) An Chopail san Aimsir Láithreach

Is copail é an focal 'is' a cheanglaíonn dhá fhocal nó dhá abairtín le chéile chun ionannas (identity/equality) a chur in iúl nó chun béim a chur ar fhocal nó ar abairtín.

Ceanglaíonn an Chopail dhá chuid den abairt le chéile agus tugann an chéad chuid eolas faoin dara cuid:

mar shampla

Is cailín álainn	mé
Is buachaill dathúil	mé
Is dochtúir	é
Is dochtúir	í
Is Francach	é an fear sin
Is amadáin	sinn
Is banaltraí	sibh
Is múinteoirí	iad

– nuair atá ainmfhocal sa phríomhchuid den abairt, úsáidtear an chopail 'is'

Is maith liom

Is fearr liom

Is fuath liom

Is breá liom

'Ní' an fhoirm dhiúltach den chopail – ní chuireann sé séimhiú ar an ainmfhocal ina dhiaidh san Aimsir Láithreach.

An an fhoirm cheisteach agus **nach** an ceisteach diúltach.

mar shampla

ní cailín álainn mé

ní buachaill dathúil mé

ní dochtúir é

an banaltra é?

nach file iontach é?

ní maith liom

Cleachtaí le déanamh ...

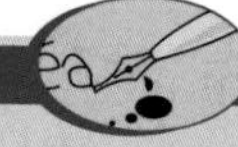

1) **Aistrigh na habairtí seo go Gaeilge:**

a) She is not a nice person ____________________

b) He is a good pupil ____________________

c) She is the president of America ____________________

d) My father is a farmer ____________________

e) Her mother is a doctor ____________________

2) **Aistrigh na habairtí seo go Gaeilge:**

a) We are friends since first class ____________________

b) My friend is a singer ____________________

c) Seán is not a fool ____________________.

d) We are pupils ____________________

e) That is a great poem ____________________

3) **Aistrigh na habairtí seo go Gaeilge**

a) I am a good football player ______________________________

b) Máire is the principal of the school ______________________________

c) Eoin is a drug addict ______________________________

d) He is a French teacher ______________________________

e) She's not a maths teacher ______________________________

4) **Aistrigh na habairtí seo go Gaeilge**

a) I like watching television at the weekend ______________________________

____

b) She isn't a good singer ______________________________

c) I prefer history to maths ______________________________

d) I hate pop music ______________________________

e) I can't swim ______________________________

B) An Chopail san Aimsir Chaite agus sa Mhodh Coinníollach

Ba an fhoirm den Chopail a úsáidtear san Aimsir Chaite agus sa Mhodh Coinníollach
B' an fhoirm a úsáidtear **roimh ghuta** (ach amháin roimh é, í, iad, eisean,) **nó f** má leanann guta é
Níor an fhoirm dhiúltach den chopail, agus cuireann sé séimhiú ar an bhfocal ina dhiaidh
Níorbh an fhoirm **roimh ghuta nó f** má leanann guta é

mar shampla

Ba chailín álainn mé	Níor chailín álainn mé
B'amadán tú	Níorbh amadán tú
Ba bhuachaill dathúil é	Níor bhuachaill dathúil é
Ba dhochtúir í	Níor dhochtúir í
B'amadáin sinn	Níorbh amadáin sinn
Ba bhanaltraí sibh	Níor bhanaltraí sibh
B'fhilí maithe iad	Níorbh fhilí maithe iad

Ba mhaith liom milseáin	Níor mhaith liom milseáin
B'fhearr liom milseáin ná torthaí	Níorbh fhearr liom milseáin ná torthaí
B'éigean dul dul amach	Níorbh éigean dom dul amach

Cleachtaí le déanamh ...

1) **Aistrigh na habairtí seo go Gaeilge:**

   a) I preferred French to German when I was at school ______________________

   ____

   b) I always hated the winter ____________________________________

   c) Máire would like to go out tonight ______________________________

   d) The men who lived on the island were fishermen _________________________

   e) I was a teacher when I was younger ______________________________

2) **Aistrigh na habairtí seo go Gaeilge:**

   a) He was never a nice man ____________________________________

   b) Tom Cruise was a great actor __________________________________

   c) I'd prefer U2 to the Red Hot Chilli Peppers ________________________

   d) She was a brilliant pupil ____________________________________

   e) They were a great class ____________________________________

3) **Aistrigh na habairtí seo go Gaeilge:**

   a) We were great pupils long ago ________________________________

   b) You always preferred Seán to Eoin ______________________________

   c) George Best was a great footballer once ___________________________

   d) The Brontë sisters were wonderful writers __________________________

   e) Was that a black or a white cat? ______________________________

4) **Aistrigh na habairtí seo go Gaeilge:**

   a) They were shopkeepers once ___________________________________

b) Pádraig was a lazy man ____

c) Sinéad was a beautiful girl once ______________________________________

d) He was a silly man ____

e) That was a great college ____

CAIBIDIL 7
Má agus Dá

Má = *if*

Leanann an Aimsir Láithreach ***má,*** mar shampla, ***má théann sé***

nó leanann an Aimsir Ghnathláithreach ***má,*** mar shampla, ***má bhíonn sé ag cur báistí,***

nó leanann an Aimsir Chaite ***má,*** mar shampla, ***má bhí sé ann,***

nó leanann an Aimsir Ghnáthchaite ***má,*** mar shampla, ***má théadh sé ann***

De ghnáth, cuirtear ***séimhiú*** ar an mbriathar i ndiaidh ***má***

Mura = *if not*

Cuirtear ***urú*** ar an mbriathar i ndiaidh ***mura,*** nó ***n-*** roimh ***ghuta***

Ní leanann an Aimsir Fháistineach má riamh.

Samplaí

Má bhí sé anseo inné, chuala sé an scéal ar fad.

Má dúirt sé é sin, d'inis sé bréag.

Mura raibh sé anseo inné, níor chuala sé an scéal.

Mura ndúirt sé é sin, níor inis sé bréag.

Má fhaigheann sé airgead, ceannóidh sé milseáin.

Má theipeann air sa scrúdú, beidh fearg ar a mháthair.

Mura bhfaigheann sé airgead, ní bheidh sé ábalta milseáin a cheannach.

Cleachtaí le déanamh ...

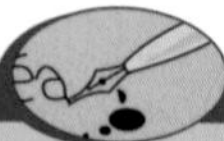

1) **Athscríobh na habairtí seo a leanas gan na lúibíní:**

a) Má (clois) _______________ mo mháthair an chaint sin, (tá) __________ mé i dtrioblóid.

b) Má (tar) ________________ mo dheirfiúr abhaile le fáinne ina cluais, (teigh) ____________ m'athair as a mheabhair.

c) Mura (déan) ______________ Máire a hobair bhaile, (cuir) ____________ an múinteoir fios ar a tuismitheoirí.

d) Má (téigh) _____________ sé ann inné, (clois) _____________ sé an chaint.

e) Má (bris) ________________ an buachaill an fhuinneog arís, (tar) _____________ na gardaí.

2) Athscríobh na habairtí seo a leanas gan na lúibíní:

a) Mura (fiosraigh) _________________ na gardaí an suíomh, ní (faigh) ______________ siad amach cé a rinne an dúnmharú.

b) Má (tosaigh) ______________ sé ag déanamh staidéir anois, (éirigh) ___________ leis sa scrúdú.

c) Má (tabhair) _________________ an múinteoir a lán obair bhaile dúinn, ní (féach) ____________ mé ar an teilifís anocht.

d) Mura (bris) ______________ sé an rothar, (bris) ______________ sé an carr.

e) Má (cabhraigh) _______________ tú le do mháthair, (faigh) _____________ tú airgead breise.

3) Athscríobh na habairtí seo a leanas gan na lúibíní:

a) Mura (tar) _____________ Daidí na Nollag, (tá) _____________ díomá ar na páistí.

b) Má (codail) _____________ sé go sámh anocht, (dúisigh) ______________ mé go luath.

c) Mura (ith: sinn) ______________ na milseáin, ní (lobh) _______________ ár bhfiacla.

d) Má (inis) ________________ sí bréag don mhúinteoir, (coimeád) _____________ siar tar éis na scoile í.

e) Má (geall) _________________ sé bronntanas don pháiste, (caith) _____________ sé é a cheannach.

4) Athscríobh na habairtí seo a leanas gan na lúibíní:

a) Mura (tuill) _____________ sé céad euro, ní (ceannaigh) ________________ sé an leabhar nua.

b) Má (gortaigh) _______________ sé a chos, ní (imir) _____________ sé sa chluiche amárach.

c) Má (diúltaigh) ___________ siad an obair a dhéanamh, (iarr) ___________ an múinteoir ar an rang eile é a dhéanamh.

d) Má (cuimhnigh) _______________ sí ar a cara in am, (ceannaigh) _____________ sí bronntanas di.

e) Mura (freagair) ______________ an múinteoir an cheist dó, (freagair) _______________ a mháthair í.

Dá = *if*

Leanann an Modh Coinníollach ***dá***

Leanann ***urú*** dá, agus cuirtear n- roimh ghuta ina dhiaidh, mar shampla

dá mbeadh an t-airgead agam, ***cheannóinn*** milseáin

dá gceannóinn ticéad don Chrannchur, ***bhuafainn é***

dá n-éistfinn leis an múinteoir, ***ní theipfeadh*** orm sa scrúdú.

Mura = *if not*

Cuirtear ***urú*** ar an mbriathar i ndiaidh ***mura,*** nó ***n-*** roimh ***ghuta,*** mar shampla,

mura mbeinn ag caint sa rang, ***ní bheinn*** in oifig an phríomoide anois.

mura rachainn chuig an dioscó, ***ní bhuailfinn*** le mo bhuachaill.

Cleachtaí le déanamh ...

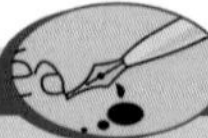

1) **Athscríobh na habairtí seo a leanas gan na lúibíní:**

a) Dá (éist: mé) ______________ sa rang, ní (ta) _______________ i dtrioblóid anois.

b) Dá (codail) _____________ sé go sámh, (dúisigh) _____________ sé in am.

c) Dá (dún: tú) ____________ an doras, ní (tar) ____________ an cat isteach sa teach.

d) Dá (freagair) ______________ sé an doras, (feic) ____________ sé an Taoiseach.

e) Mura (goid) ______________ sé an t-airgead, ní (labhair) ____________ na gardaí leis.

2) Athscríobh na habairtí seo a leanas gan na lúibíní:

a) Dá (bí) ____________ soineann go Samhain, (bí) ____________ breall ar dhuine éigin.

b) Dá (léigh: mé) ____________ an leabhar, ní (téigh) ____________ chuig an scannán.

c) Dá (feic) ____________ a mháthair é sa teach tábhairne, (glaoigh) __________ sí ar an úinéir.

d) Dá (éalaigh: siad) ______________ as an bpríosún, (teith) ____________ go Sasana.

e) Dá (buaigh) ____________ sé an Crannchur, (ceannaigh) ___________ sé teach nua.

Dá + urú + Modh Coinníollach

3) Athscríobh na habairtí seo a leanas gan na lúibíní:

a) Mura (ith) ____________ sé an béile mór, ní (tá) __________ sé tinn anois.

b) Dá (glan: siad) ____________ an t-urlár, ní (sleamhnaigh) ____________ a máthair air.

c) Mura (imir) ______________ Pól an cluiche, ní (bris) ____________ sé a chos.

d) Mura (caith: mé) ____________ an lá ar fad ag féachaint ar MTV, (éirigh) __________ liom san Ardteist.

e) Dá (aithin) ____________ sé an fear, (rith) ____________ ar nós na gaoithe.

4) Athscríobh na habairtí seo a leanas gan na lúibíní:

a) Dá (fág) ____________ sí an teach in am, ní (fill) ____________ sí go déanach.

b) Dá (téigh: mé) ______________ go dtí an Spáinn ar mo laethanta saoire, (faigh) __________ dó gréine.

c) Mura (caith) ____________ sé an chrios tarrthála, (tá) __________ sé marbh anois.

d) Dá (brostaigh) ____________ sé abhaile, (ullmhaigh) __________ sé an dinnéar.

e) Dá (ceartaigh) ____________ an múinteoir mo scrúdú, (faigh) __________ A.

CAIBIDIL 8
An Aidiacht Shealbhach

Rialacha le foghlaim 

Uimhir Uatha *(singular)*	**Uimhir Iolra** *(plural)*
mo – *my*	**ár** – *our*
do – *your*	**bhur** – *your*
a – *his*	**a** – *their*
a – *her*	

Riail le foghlaim: roimh chonsan

mo + séimhiú	mo chóta	**mo dheartháir**	mo mháthair
do + séimhiú	do chóta	**do dheartháir**	do mháthair
a (his) + séimhiú	a chóta	**a dheartháir**	a mháthair
a (her) –	a cóta	**a deartháir**	a máthair
ár + urú	ár gcótaí	**ár ndeartháireacha**	ár máthair
bhur + urú	bhur gcótaí	**bhur ndeartháireacha**	bhur máthair
a (their) + urú	a gcótaí	**a ndeartháireacha**	a máthair

Cleachtaí le déanamh ... 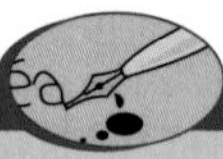

1) **Athscríobh na habairtí seo a leanas gan na lúibíní:**

a) Chuaigh mé abhaile le mo (cara) ________ ón scoil inné.

b) Thit a (peann) ____________ ar an urlár agus thóg sé suas é.

c) Bhí a (múinteoir) ________________ crosta léi mar nár thug sí a (mála) ________ ar scoil.

d) D'itheamar ár (béile) ____________ go tapaidh mar go raibh ocras orainn.

e) Tá mo (deirfiúr) ______________ seacht mbliana d'aois.

2) **Athscríobh na habairtí seo a leanas gan na lúibíní:**

a) Tá a (his) (teach) ______________ faoin tuath.

b) Téim ar mo laethanta saoire gach samhradh le mo (muintir) __________ agus le mo (cara) ____________ Úna.

c) Is aoibhinn léi a (múinteoir) _____________ Béarla ach ní maith léi a (príomhoide) ________________.

d) 'Tá bhur (bróg) ____________ in aice an dorais,' a dúirt Mam leis na páistí.

e) Thug siad a (bronntanas) ____________ don mhúinteoir ag an Nollaig.

Riail le foghlaim: roimh ghuta

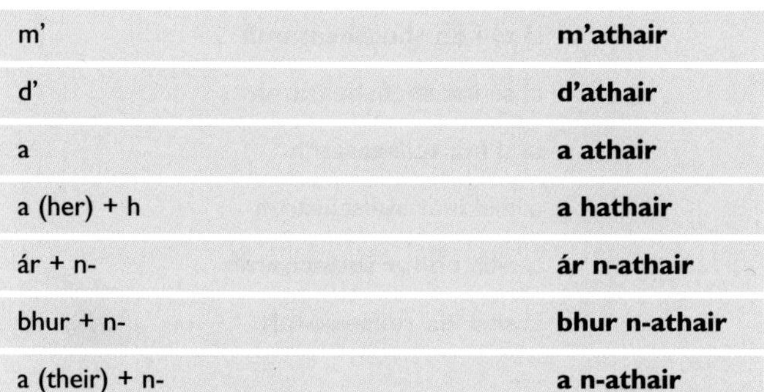

m'	**m'athair**
d'	**d'athair**
a	**a athair**
a (her) + h	**a hathair**
ár + n-	**ár n-athair**
bhur + n-	**bhur n-athair**
a (their) + n-	**a n-athair**

Cleachtaí le déanamh ...

1) **Athscríobh na habairtí seo a leanas gan na lúibíní:**

a) Scríobh sí a (ainm) ___________ ar a (cóipleabhar) ___________ nua.

b) D'éirigh a (aghaidh) ______________ an-dearg mar gur thit sé ar an talamh.

c) Chaill mé mo (airgead) ____________ ar mo bhealach chun na scoile.

d) Bhí an bhean an-álainn agus thit an fear i ngrá lena (áilleacht) __________.

e) Léigh gach duine a (alt) ____________ a scríobh siad sa pháipéar.

2) **Athscríobh na habairtí seo a leanas gan na lúibíní:**

a) Thug a (aintín) ________________ bronntanas dóibh ag an Nollaig.

b) Scríobh sé a (aiste) _____________ Béarla ar an Domhnach.

c) Mhill a (her) (éad) ___________ a (clann) ___________.

d) Is maith liom mo (eastát) ___________ tithíochta mar tá sé an-deas.

e) Ní maith leo a (éide) ___________ scoile mar go bhfuil dath dubh uirthi.

Rialacha le foghlaim 

Riail le foghlaim: aidiacht shealbhach le 'i'

Táim **i mo chónaí**	táim **i mo shuí/sheasamh**
Tá tú **i do chónaí**	tá tú **i do shuí/sheasamh**
Tá sé **ina chónaí**	tá sé **ina shuí/sheasamh**
Tá sí **ina cónaí**	tá sí **ina suí/seasamh**
Táimid **inár gcónaí**	táimid **inár suí/seasamh**
Tá sibh **i bhur gcónaí**	tá sibh **i bhur suí/seasamh**
Tá siad **ina gcónaí**	tá siad **ina suí/seasamh**

Cleachtaí le déanamh ... 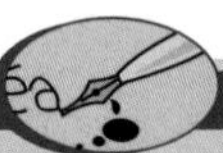

1) **Athscríobh na habairtí seo a leanas gan na lúibíní:**

a) Tá Seán ina (cónaí) ________________ i mBaile Átha Cliath.

b) Bhí tuirse orm mar go raibh mé i mo (seasamh) ________ ar feadh cúpla uair an chloig.

c) Níor mhaith leis bheith ag obair i siopa mar go mbeadh sé ina (seasamh) ________ an lá ar fad.

d) An samhradh seo chugainn beimid inár (cónaí) ____________ sa Fhrainc.

e) Tá sí ina (cónaí) _____________ i nGaillimh ach tá uaigneas uirthi mar go bhfuil a (cara) _________ Eoin ina (cónaí) _____________ i Sligeach.

2) Athscríobh na habairtí seo a leanas gan na lúibíní:

a) Tá mo Mhamó an-sean agus caitheann sí an lá ar fad ina (suí) _________ in aice na tine.

b) Uaireanta bíonn an Máistir de Barra ina (seasamh) ___________ agus uaireanta bíonn sé ina (suí) ______________.

c) Is breá liom bheith i mo (suí) __________ os comhair na teilifíse.

d) Feicim na daoine bochta ina (suí) _____________ ar an talamh ag lorg déirce.

e) D'fhág mo (cairde) ___________ an baile seo agus anois tá siad ina (cónaí) __________ faoin tuath.

Riail le foghlaim: aidiacht shealbhach le 'leis' agus 'do'

Bhí mé ag caint **le mo chara**	Thug mé an leabhar **do mo chara**
Bhí tú ag caint **le do chara**	Thug tú an leabhar **do do chara**
Bhí sé ag caint **lena chara**	Thug sé an leabhar **dá chara**
Bhí sí ag caint **lena cara**	Thug sí an leabhar **dá cara**
Bhíomar ag caint **lenár gcairde**	Thugamar an leabhar **dár gcairde**
Bhí sibh ag caint **le bhur gcairde**	Thug sibh an leabhar **do bhur gcairde**
Bhí said ag caint **lena gcairde**	Thug siad an leabhar **dá gcairde**

Cleachtaí le déanamh …

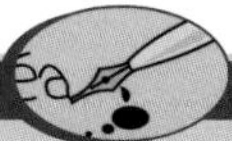

1) Athscríobh na habairtí seo gan na lúibíní:

a) Bíonn Aoife i gcónaí ag caint lena (cara) ___________.

b) Thug an buachaill cic dá (deartháir) _____________ mar go raibh sé ag cur isteach air.

c) Téann na buachaillí amach lena (cairde) _____________ gach deireadh seachtaine.

d) Is breá le mo (cara) ___________ ceol agus thug mé ticéad don cheolchoirm di dá lá breithe.

e) Bhí Seán ag caint lena (máthair) ___________ sula ndeachaigh sé ar scoil ar maidin.

2) **Athscríobh na habairtí seo gan na lúibíní:**

a) Fuair siad an t-airgead ar an urlár agus thug siad é dá (athair) __________.

b) Thug Máire bláthanna dá (máthair) __________ ar a lá breithe.

c) Gheall sé dá (athair) ___________ go mbeadh sé ar ais in am.

d) Thaispeáin sé an carr nua dá (cara) ___________.

e) Níor lig an mháthair dá (iníon) ____________ dul amach

Súil Siar.......

Ná déan dearmad...

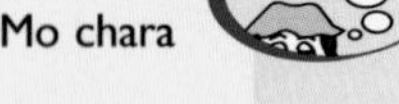

Mo chara

M'athair

A chara

A athair

A cara

A hathair

1) **Athscríobh na habairtí seo gan na lúibíní.**

a) A (his) peann ______________________

b) Ár (fón) __________________________

c) Do (múinteoir) ________________________

d) A (her) áthas ____________________________

e) Bhur (dán) ______________________________

2) **Athscríobh gan na lúibíní.**

a) A (their) ainm ____________________________

b) Mo (aoibhneas) ____________________________

c) Ár (comórtas) ________________________________

d) Do (baile) ____________________________________

e) A (her) obair. ___________________________________

3) **Aistrigh go Gaeilge:**

a) My dog ____________________

b) His cat ____________________

c) Her name ____________________

d) Their mother ____________________

e) His sister ____________________

4) **Aistrigh go Gaeilge:**

a) Her brother ____________________

b) Her house ____________________

c) Their table ____________________

d) His table ____________________

e) Her table ____________________

5) **Athscríobh gan na lúibíní.**

a) Bhur (timpiste) ____________________

b) A (his) máthair ____________________

c) A (her) bás ____________________

d) Mo (tír) ____________________

e) A (his) tír ____________________

6) **Aistrigh go Gaeilge**

a) Her country ____________________

b) Their country ____________________

c) Their money ____________________

d) Your (sg.) car ____________________

e) My room ____________________

7) **Aistrigh go Gaeilge:**

a) She is living in the country ____________________

b) They are standing all day ____________________

c) Her friend is sitting on the floor ____________________

d) I am standing beside the window ____________________

e) I am living in Dublin ____________________

8) **Aistrigh go Gaeilge:**

a) The old man is sitting on the ground ____________________

b) Máire is standing at the door ____________________

c) They are standing at the bus stop ____________________

d) You were standing on the beach when it started to rain

____

e) I was living in the country last year but this year I live in the city.

____

9) **Aistrigh go Gaeilge:**

a) Her friend is sitting on the ground.

____

b) My mother is standing at the door.

____

c) Our name is written on the book.

____

d) My brother is living in England. ____________________

e) His team is not very good. ____________________

10) **Athscríobh na habairtí seo gan na lúibíní:**

a) Chaill sí a (mála) __________ ar an mbóthar agus bhí fearg ar a (athair) __________.

b) Scríobh siad a (ainm) __________ ar an mballa.

c) Bhí a (croí) __________ briste mar ní raibh an cailín i ngrá leis.

d) Bhí a (croí) __________ briste mar ní raibh Jack i ngrá léi.

e) Tá siad ina (cónaí) __________ i Sasana agus is maith leo an áit.

11) **Aistrigh go Gaeilge:**

a) Siobhán was talking to her parents. ______________________________

b) I gave thirty euro to my friend for her birthday. ______________________________

____

c) He promised his father a new book. ______________________________

d) I listened to my teacher this morning. ______________________________

e) They showed their new house to their friends. ______________________________

____

CAIBIDIL 9
Séimhiú agus Urú

Séimhiú

Leanann séimhiú na focail seo a leanas, má chuirtear roimh chonsan iad.

Ar – bhí áthas **ar Mh**áire	**Roimh –** chuir mé fáilte **roimh Sh**eán	**Uimhreacha 1-6**	**Nuair a – nuair a th**agaim abhaile
De – d'fhiafraigh mé **de Sh**eán	**Don –** thug mé leabhar **don ch**ailín	**aon bh**ád	**Má – má dh**éanann tú dearmad....
Do – thug mé an leabhar **do Ph**ádraig	**Mo – mo mh**áthair	**dhá bh**ád	**Sa – sa bh**aile
Faoi – Nollaig **faoi sh**éan is **faoi mh**aise	**Do – do mh**áthair	**trí bh**ád	**Ró – rómh**ór
Ó – bhí mé saor **ó ph**ríosún	**A (his) – a mh**áthair	**ceithre bh**ád	**An- – an-mh**aith
Trí – chuaigh an teach **trí** thine		**cúig bh**ád	
		sé bhád	

Eisceachtaí !!!

1) **D, n, t, l, s**

Má chríochnaíonn focal amháin le ceann de na litreacha d, n, t, l, s agus má thosaíonn an chéad fhocal eile le ceann de na litreacha sin, ní thógann an focal séimhiú.

Mar shampla:

aon duine/aon teach

an-simplí/an-dána

don sagart/don dochtúir

ach!

más focal baininscneach atá i gceist ag tosú le s, cuirtear t roimh an bhfocal i ndiaidh ón, don, den, faoin, mar shampla, don tseanbhean, den tseanbhean

2) **AR**

Ní chuirtear séimhiú ar nath dobhriathartha nó ar nath a chuireann ionad, modh nó am i gceist: ar bord, ar farraige, ar muir is ar tír, ar meisce, ar buile, ar crith, ar deireadh, ar díol, ar fáil, ar ball, ar maidin

ach!

ar fheabhas, ar shiúil (gone)

3) **Uimhreacha**

Leis na focail ceann agus bliain, ní chuirtear séimhiú ar an bhfocal tar éis trí, ceithre, cúig, sé –

trí cinn, ceithre cinn, cúig cinn, sé cinn

trí bliana, ceithre bliana, cúig bliana, sé bliana

ach!

trí huaire, ceithre huaire, cúig huaire, sé huaire

4) **Sa**

Ní chuirtear séimhiú ar fhocal a thosaíonn le d, t nó s – sa teach, sa siopa, sa dún

ach!

más focal baininscneach atá ann ag tosú le s, cuirtear t roimhe - sa tsráid, sa tsáinn

Ceachtanna le déanamh:

1) **Athscríobh na habairtí thíos gan na lúibíní:**

a) Bhí fearg ar (Seán) _____ nuair a bhris a chara a rothar.

b) Ní raibh aon (bád) _______ amuigh mar go raibh an fharraige ró(garbh) _______.

c) In Éirinn bíonn sé an-(te) ________ agus an-(fliuch) ________ ar an lá céanna.

d) Nuair a (tar) _________ Úna abhaile gach lá bíonn uirthi a lán oibre a dhéanamh.

e) Tharla dóiteán sa (baile) _______ aréir ach ní raibh sé sa (siopa) _________.

2) **Athscríobh na habairtí thíos gan na lúibíní:**

a) Nuair a (féachann) __________ Máire ar an teilifís bíonn áthas agus brón uirthi.

b) Chuir mé fáilte roimh (Pól) _________ nuair a tháinig sé abhaile ón Spáinn.

c) Is maith le mo (cara) _______ ainmhithe agus tá trí (cat), ________ dhá (capall) ____________ agus ceithre (madra) ____________ aici.

d) Nuair a (téigh mé) __________ ar scoil gach lá éirím ag a seacht.

e) Chuala mé ráfla faoi (Máire) ____________.

3) **Athscríobh na habairtí thíos gan na lúibíní:**

a) Beidh áthas ar mo (cara) _________ nuair a (clois) __________ sí an scéal.

b) Nuair a bhí a (cara) __________ ag caint leis thit sé ina (codladh) __________.

c) Ní thuigim an cheist sin mar go bhfuil sí ró(deacair) __________ agus ró(casta). _______________

d) Tá Seán an-(maith) _________ ag matamaitic ach an-(dona) ___________ ag an bhFraincis.

e) Tháinig sé amach ó (priosún) _________ ach ní raibh áthas ar (Máire) __________.

4) **Athscríobh na habairtí thíos gan na lúibíní:**

a) Chuaigh trí (teach) _________ trí (tine) ________ aréir sa (cathair) __________.

b) Thug mé an leabhar do (Cian) __________ agus chuir sé ina (mála) ___________ é.

c) Níl ach sé (focal) _________ sa (dán) __________ sin mar go raibh tuirse ar (Pól) ____________ nuair a scríobh sé é.

d) Bhí an rang ag magadh faoi (buachaill) __________ nua a tháinig isteach agus bhí an múinteoir an-(feargach) ___________ leis an rang.

e) Bhuail mé dhá (giorria) ________ le mo (bata) ________ trí (timpiste). __________

5) **Athscríobh na habairtí thíos gan na lúibíní:**

a) Bhí slaghdán ar (Seán) _______ agus d'fhan sé ina leaba.

b) Bhí mo (máthair) _________ ag caint lena (cara) ___________ aréir.

c) Bhí cúig (cat) ___________ agus trí (madra) _________ ag rith sa ghairdín inné.

d) Bhí an suíochán ró(beag) ____________ don (fear) ___________ mór.

e) Bhí seanfhear ina (seasamh) ________ ar an mbóthar, a (cúl) _________ le balla.

6) **Athscríobh na habairtí thíos gan na lúibíní:**

a) Ní dhéanann Pól aon obair sa rang agus bíonn a (múinteoir) ________ an-(feargach) ___________ leis.

b) Nuair a (déanaim) _________ mo (cuid) ________ oibre bíonn áthas ar mo (máthair) ___________.

c) Anuraidh bhí mé i mo (cónaí) ________ sa (cathair) ___________.

d) Bhí brón ar (Pádraig) ___________ mar gur fhág a (cailín) ___________ é.

e) Bhí a (athair) __________ an-(crosta) ____________ leis mar bhí sé an-(dána) _________.

Urú

Leanann urú na focail seo a leanas, má chuirtear roimh chonsan iad.

ag an – ag an gcailín	**ón –** ón bpáirc	**i –** i gcónaí, i dtrioblóid, i dtír
ar an – ar an gcailín	**tríd an –** tríd an bpost	**Uimhreacha 7-10**
as an – as an gcailín	**thar an –** thar an mballa	**seacht** gcapall
chuig an – chuig an mbord	**roimh an –** roimh an gcuairteoir	**ocht** gcapall

faoin – faoin mbord	**leis an –** leis an mbuachaill	**naoi** gcapall
ár – ár gcótaí	**dá –** dá mbeadh an lá go maith...	**deich** gcapall
bhur – bhur gcótaí		
a – a gcótaí		

Urú

'm' roimh 'b'	ar an mbád
'g' roimh 'c'	ar an gcapall
'n' roimh 'd'	naoi ndoras
'bh' roimh 'f'	ar an bhfarraige
'n' roimh 'g'	roimh an ngarda
'b' roimh 'p'	ar an bpáiste
'd' roimh 't'	i dtír

Eisceachtaí!!!

D, n, t, l, s

Má chríochnaíonn focal amháin le ceann de na litreacha d, n, t, l nó s agus má thosaíonn an chéad fhocal eile le ceann de na litreacha sin, ní thógann an dara focal urú.

Mar shampla:

ag an doras/ ón dochtúir

chuig an teach/ tríd an tír

as an siopa/leis an sagart

ach!

Más focal baininscneach ag tosú le 's' atá ann, cuirtear 't' roimhe – tríd an tsaoire, leis an tsamhlaíocht

Cleachtaí le déanamh ...

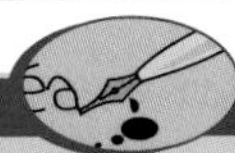

1) **Athscríobh na habairtí seo a leanas gan na lúibíní:**

a) Bhí fearg ar an (bean) _________ nuair a goideadh a (carr) ___________.

b) Beidh áthas an domhain ar an (fear) ___________ nuair a gheobhaidh sé a (duais) ___________.

c) Bíonn Seán i (cónaí) _________ ag caint sa rang agus bíonn sé i (trioblóid) ___________ an t-am ar fad.

d) D'éalaigh na gadaithe ón (priosún) _________ aréir agus d'fhág siad a (cótaí) ___________ ina (diaidh) ___________.

e) Is breá le mo (máthair) _________ ainmhithe – tá seacht (cat), _________ trí (capall) _________ agus naoi (coinín) _________ aici.

2) **Athscríobh na habairtí seo a leanas gan na lúibíní:**

a) Nuair a chuaigh an teach trí (tine) ______ chuir an bhean glao ar an (briogáid) dóiteáin _________ ar an (fón) ___________

b) Dá (beadh) ___________ a lán airgid agam cheannóinn carr nua leis agus thabharfainn airgead do mo (cara) ___________.

c) Bhí sé ag caint leis an (fiaclóir) _________ ach ní raibh sé ag éisteacht leis, bhí sé ag féachaint ar an (teilifís).

d) Chuir an bhean fáilte roimh an (cuairteoir) _________ nuair a tháinig sé anseo ar cuairt ar a (teach) ___________.

e) An ndéanfaidh tú an obair sin dom, le do (toil) ___________?

3) **Athscríobh na habairtí seo a leanas gan na lúibíní:**

a) Bhí áthas ar (Colm) ___________ ach bhí brón ar an (cailín) ___________.

b) Bhí fearg ar an (fear) ___________ a bhí in aice leis an (fuinneog) ___________.

c) Tá Seán i (conaí) _________ i (trioblóid) ___________ lena (múinteoir) _________

d) Bhí seacht (gluaisteán) _________ ar an (bóthar) _________ ach ní raibh aon (páiste) ___________ ann.

e) Nuair a bhíomar ar an (trá) __________ d'fhanamar ag féachaint ar an (farraige) ____________ an lá ar fad.

4) **Athscríobh na habairtí seo a leanas gan na lúibíní:**

a) Bhí an áit ró(ciúin) __________ do (Pádraig) ________ agus d'éalaigh sé as an (teach) __________ agus isteach sa (gairdín) ____________.

b) Bhí Seán an-(breoite) __________ agus an-(bán) __________ ina (aghaidh) _________.

c) Bhí sé ag caint leis an (garda) __________ faoin (carr) __________ a goideadh.

d) Bhí áthas ar an (file) __________ mar go raibh an cailín i (grá) __________ leis.

e) D'éalaigh na hainmhithe ón (gairdín) __________ agus chuir siad eagla ar an (cailín) ____________ óg.

5) **Athscríobh na habairtí seo a leanas gan na lúibíní:**

a) Rugadh mo (seanathair) __________ sa (bliain) __________ 1930 i (Baile) __________ Átha Cliath.

b) Chonaic siad a (cairde) __________ ag caint lena (deartháireacha) __________.

c) Bhain sé geit as an (cailín) __________ nuair a léim sé amach ar an (bóthar) ____________.

d) Dá (beadh) __________ an lá go maith rachaidís go dtí an trá lena (cairde) ____________.

e) Tháinig bronntanas dom tríd an (post) _________ ó mo (cara) __________.

6) **Athscríobh na habairtí seo a leanas gan na lúibíní:**

a) Bhí tinneas cinn ar an (bean) __________ agus ní raibh sí ábalta a (cuid) __________ oibre a dhéanamh.

b) Tá siad an-(bródúil) __________ as a (tír) __________.

c) Bhí an teaghlach ar a laethanta saoire i (Dún) __________ na nGall.

d) Bíonn a lán cloigíní gorma ag fás i (coillte) __________ Fheanna Bhuí.

e) Tá na buachaillí ina (cónaí) __________ sa (brú) __________ óige.

Súil siar......

1) **Athscríobh amach na habairtí seo a leanas gan na lúibíní:**

a) Bhí slaghdán agus tinneas cinn ar (Cian) _______________.

b) D'iarr mé ar (Pádraig) _____________ dul amach agus an bia a thabhairt don (bó) __________.

c) Tháinig sé abhaile ó (Baile) ___________ Átha Cliath ina (carr) _________ agus bhí áthas ar a (máthair) _________ é a fheiceáil.

d) D'oscail mé an doras do (Máire) __________ agus thóg mé a (mála) _________ agus a (cóta) ______________ uaithi.

e) Thug sé an leabhar do (Siobhán) __________ agus scríobh sí a (ainm) ___________ ar an (clúdach) _______________.

2) **Athscríobh na habairtí seo a leanas gan na lúibíní:**

a) Nuair a (féachaim) ___________ ar an (clár) __________ sin bím i mo (suí) _________ ar an (cathaoir) ______________.

b) Níl ach aon (cara) __________ amháin agam ach tá dhá (cat) _______ agus trí (madra) _____________ agam.

c) Tá an rang snámha seo an-(maith) __________ ach ró(mór) ________.

d) Tá an lá an-(fliuch) ___________ ach an-(meirbh) _____________.

e) Tá na páistí ró(cainteach) ____________ agus tá a (athair) __________ an-(feargach) _____________ leo.

3) **Athscríobh na habairtí seo a leanas gan na lúibíní:**

a) Níl ach cúig (teach) _________ ar mo (bóthar) ____________.

b) Chuaigh an teach trí (tine) __________ trí (timpiste) ___________ agus chuir mé fios ar an (briogáid) ____________ dóiteáin.

c) Bhí náire ar (Bríd) __________ nuair a thit a (fiacla bréige) __________ amach.

d) Ní cheannaím a lán milseán mar go lobhann siad mo (fiacla) ________ agus bíonn mo (fiaclóir) ___________ an-(crosta) ___________ liom.

e) Thug mé bainne don (cat) _____________________________.

4) **Athscríobh na habairtí seo a leanas gan na lúibíní:**

a) Chuaigh Máire agus a (athair) __________ agus a (cara) __________ isteach sa (cathair) __________ agus cheannaigh siad bronntanais dá (cairde) __________.

b) Níl aon (tinneas) ________ ar (Pádraig) __________ ach bíonn sé i (cónaí) _________ ag gearán faoi (cúrsaí) _______________.

c) Tá a lán daoine óga faoi (brú) _________ inniu, go háirithe óna (cairde) ___________ agus óna (tuismitheoirí) _____________.

d) Má (feicim) _________ an buachaill sin arís, tabharfaidh mé a (peann) _________ ar ais dó agus iarrfaidh mé air a (mála) __________ a thabhairt dom.

e) Bíonn cuma bhrónach ar (daoine) ___________ bochta.

5) **Athscríobh na habairtí seo a leanas gan na lúibíní:**

a) Gheall Máire do (Ciara) __________ go dtabharfadh sí a (carr) ________ ar ais di.

b) Tá airgead ag teastáil ó (Máire) _________ mar go bhfuil sí an-(bocht) __________.

c) Chuaigh mé go Meiriceá coicís ó (sin) __________ chun cuairt a thabhairt ar mo (cara) ________.

d) Rith mé isteach sa (siopa) _________, cheannaigh mé milseáin agus thug mé an t-airgead don (bean) __________.

e) Chuir an baile fáilte roimh (foireann) _____________ na scoile mar bhuaigh siad an chéad áit sa (comórtas) ___________ peile.

6) **Athscríobh na habairtí seo a leanas gan na lúibíní:**

a) Tá ár (aithreacha) ________ agus ár (cairde) _________ ag caint lena chéile.

b) Bhí díomá ar an (buachaill) __________ nuair a chuala sé a (torthaí) ________ agus bhí a (tuismitheoirí) ___________ an-(míshásta) _________ leis.

c) Tá seacht (capall) ________ agus dhá (madra) _________ ag an (feirmeoir) ___________ sin.

d) Chuala na cailíní a (cairde) ________ ag imirt sa (clós) __________.

e) Bhí an tUachtarán ina (seasamh) ___________ in aice leis an (Taoiseach) __________ nuair a bhí sí i (Baile) ________ Átha Cliath.

7) Athscríobh na habairtí seo a leanas gan na lúibíní:

a) Chuir mé fáilte roimh an (cuairteoir) ____________ nuair a tháinig sé go dtí mo (teach) __________.

b) Níor chuir sé fáilte roimh an (buachaill) _________ agus bhí brón ar an (bean) ________.

c) Bhíodh Úna i (cónaí) ________ ag caint agus chuir a (múinteoir) _______ fios ar a (athair) ___________.

d) Rith na fir amach ón (teach) __________ nuair a chuaigh sé trí (tine) ________ trí (timpiste) __________________.

e) Tá Máire ag an (siopa) ________ agus tá Pól sa (páirc) __________ ach buailfidh siad lena chéile ag an (pictiúrlann) ____________ anocht.

8) Athscríobh na habairtí seo a leanas gan na lúibíní:

a) Ní maith le Niamh a (éadaí) ____________ nua agus bhí a (athair) ________ feargach léi.

b) Bhí seacht (bád) amuigh ar an (farraige) ____________ ach nuair a d'éirigh an stoirm tháinig siad isteach sa (cuan) ___________

c) Bhí an múinteoir ag caint leis an (cailín) _______ agus thug sí a (obair) _________ bhaile ar ais di agus bhí sí an-(sásta) __________ leis an obair ar fad.

d) Níor chuala mé aon scéala ón (dochtúir) ________ ach bhí mé ag caint leis an (banaltra) _________ faoi mo (tinneas) ___________ cinn.

e) Tá na teifigh i (baol) ________ ina (tíortha) ________ féin agus éalaíonn siad go hÉirinn.

CAIBIDIL 10
Na Réamhfhocail

ar

orm	orainn
ort	oraibh
air	orthu
uirthi	

1) Úsáidtear 'ar' tar éis cuid de na mothúcháin agus cuid de na tinnis:

   codladh, tuirse, uaigneas, brón, áthas, eagla, éad, díomá

   tá tinneas cinn orm, tá slaghdán ort

   tá brón air, tá ocras uirthi, tá uaigneas orthu

2) Úsáidtear 'ar' tar éis roinnt briathra:

Samplaí

freastail ar	**cuimhnigh ar**
roinn ar	**féach/breathnaigh ar**
ceannaigh ar	**smaoinigh ar**
teip ar	**iarr ar**
glaoigh ar	**beir ar**
	déan dearmad ar

Foghlaim

Bhí brón **ar Sheán**

Bhí brón **ar an mbuachaill**

Bhí brón **air**

Bhí brón **ar a chara**

Cleachtaí le déanamh ...

1) **Líon na bearnaí sna habairtí seo a leanas:**

a) Táim ag freastal __________ Phobalscoil na hInse.

b) D'ól sé a lán fuisce agus bhí tinneas cinn ________.

c) Bhí uaigneas _______ an bhfile mar nach raibh an cailín i ngrá leis.

d) Theip _________ (sí) ina scrúdú agus bhí brón an domhain _________.

e) D'fhanamar amuigh sa bháisteach agus bhí slaghdán ____________.

2) **Líon na bearnaí sna habairtí seo a leanas:**

a) Is breá liom 'Eastenders' agus féachaim ________ gach seachtain.

b) Ghlaoigh mé _______ mo chara aréir ar an bhfón.

c) Chuimhnigh sí _________ mar go raibh mo lá breithe ann.

d) Bhí fearg _______ an mbean nuair a goideadh a mála.

e) Níor ith sí le seachtain agus bhí ocras an domhain __________.

3) **Líon na bearnaí sna habairtí seo a leanas:**

a) Bhí áthas _______ an gcailín mar d'éirigh go han-mhaith léi sa scrúdú.

b) Rinne mé dearmad _______ mo leabhar scoile ach chuimhnigh mé ______ nuair a bhí mé ar mo bhealach ________ scoil.

c) Bhí eagla _______ an gcailín beag nuair a bhí sí ar strae sa bhaile mór.

d) Bhuaigh mo mháthair a lán airgid agus roinn sí ________ an gclann é.

e) Rug na gardaí _______ an ngadaí nuair a bhí sé ag éalú ón siopa.

Do

dom	dúinn
duit	daoibh
dó	dóibh
di	

Úsáidtear 'do' tar éis na mbriathra seo a leanas:–

1) **Tabhair ... do**

2) **Geall do..........**

3) **Beannaigh do**

4) **Inis do.....**

5) **Taispeáin do.....**

6) **Lig do....**

7) **Géill do....**

8) **Déan do.........**

Foghlaim

Thug sé an leabhar nua **do Sheán**

Thug sé an leabhar nua **don bhuachaill**

Thug sé an leabhar nua **dó**

Thug sé an leabhar nua **dá chara**

Cleachtaí le déanamh ...

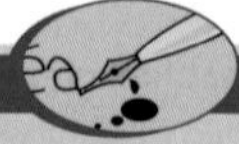

1) **Líon na bearnaí sna habairtí seo a leanas:**

a) Thug mé bronntanas _____ mo mháthair nuair a bhí a lá breithe ann.

b) Thaispeáin sé a charr nua ______ agus cheap mé go raibh sé go deas.

c) Gheall sí ________ go rachadh sí amach leis Dé hAoine.

d) Rinne mé an obair bhaile ______ mo dheartháir mar go raibh sé tinn.

e) D'inis an seanathair scéalta faoin leipreachán ________ bhuachaill óg.

2) **Líon na bearnaí sna habairtí seo a leanas:**

a) Thug an múinteoir íde béil _______ mar nach ndearna mé m'obair bhaile.

b) Thaispéain a athair ________ conas carr a thiomáint.

c) Chonaic mé Bean Uí Laoire ar an mbóthar agus bheannaigh mé ________.

d) Níor lig a mháthair _________ dul chuig an dioscó agus bhí fearg air.

e) Thug an banc iasacht airgid ________ fheirmeoir nuair a theip ar na barraí.

3) **Líon na bearnaí sna habairtí seo a leanas:**

a) Ní raibh na páistí ag obair ______ scoil agus thug an múinteoir a lán obair bhaile ________.

b) Thaispeáin an páiste a lámh bhriste ________ dochtúir.

c) D'inis mo mháthair _______ gan bréag a insint.

d) Thug ár máthair céad euro __________ nuair a bhíomar ag dul ar ár laethanta saoire.

e) Bhí an cuairteoir ar strae san áit agus thaispéain mé an bealach ceart _______.

le

liom	linn
leat	libh
leis	leo
léi	

le Séan ach le ***hA***oife

le foghlaim

Úsáidtear 'le' leis na nathanna seo a leanas:-

1) **Is maith/breá** le

2) **Is cuimhin** le

3) **Is féidir le** – is féidir liom an ceacht a dhéanamh

4) **Is fearr le** – Is fearr liom Seán ná Séamas

5) **Is gráin/fuath/oth le** – Is fuath liom stair

6) **Taitin le** – taitníonn an teilifís go mór liom

7) **Buail le** – bhuail mé le mo chara inné

8) **Éirigh le** – d'éirigh liom sa scrúdú agus bhí áthas orm

9) **Ag caint le** – bhí mé ag caint le mo mháthair ar maidin

10) **Éist le** – bhí mé ag éisteacht leis an múinteoir

11) **Gabh buíochas le** – ghabh sé buíochas liom mar gur thug mé cabhair dó

12) **Ar buile le** – bhí an múinteoir ar buile leis an rang

13) **Cabhraigh le** – chabhraigh sí lena hathair chun aire a thabhairt do na páistí

14) **Éad** – bhí mé in éad le mo chara mar fuair sí carr nua

15) **Ag obair le** – bhí mé ag obair le m'athair san oifig inné

Foghlaim

Bhí sé ag caint **le Seán**

Bhí sé ag caint **leis an mbuachaill**

Bhí sé ag caint **leis**

Bhí sé ag caint **lena chara**

Cleachtaí le déanamh ...

1) **Líon na bearnaí sna habairtí seo a leanas:**

a) Is breá _______ (mé) Gaeilge ach is fuath _______ matamaitic.

b) Ní féidir ________ leadóg a imirt mar nach bhfuil aon raicéad aige.

c) Ní raibh mé ag éisteacht _________ an múinteoir agus bhí mé i dtrioblóid arís.

d) Bhí mo chara ar buile ___________ mar gur chaill mé a fón siúil.

e) Bhí sé ag obair ___________ athair sa ghairdín inné.

2) **Líon na bearnaí sna habairtí seo a leanas:**

a) Is maith ________ Pól agus bhuail mé ________ ag an dioscó.

b) Chabhraigh sé ______ an tseanbhean nuair a bhí sí ag dul trasna an bhóthair.

c) Taitníonn spórt go mór _______ agus imrím peil agus leadóg gach seachtain.

d) Bhí Máire in éad _________ mar go bhfuair sí a lán airgid.

e) Is fuath ________ brocailí ach deir a mháthair leis go gcaithfidh sé é a ithe.

3) **Líon na bearnaí sna habairtí seo a leanas:**

a) Is cuimhin _________ na laethanta nuair a bhí sí ina cónaí faoin tuath.

b) Bhí a chara feargach _________ mar gur bhris sé a rothar.

c) Is breá ________ an Fhrainc agus téann siad ann gach samhradh.

d) Is fearr ________ tíreolaíocht ná aon ábhar eile agus táim an-mhaith aige.

e) Is fuath ________ an bhfile torann Bhaile Átha Cliath.

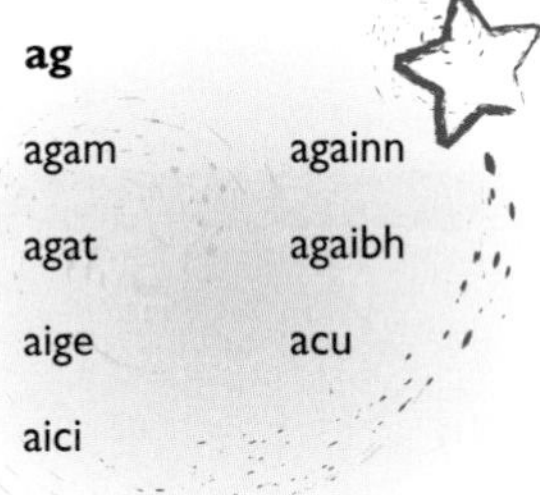

ag

agam	againn
agat	agaibh
aige	acu
aici	

ag

1) ag an doras, ag an scoil
2) ag a sé a chlog, ag am tae
3) tá teach aige, tá leabhar agam
4) tá Gaeilge aige, tá snámh aige
5) tá grá/gráin aici air
6) tá sé briste agat
7) tá súil agam
8) tá suim agam sa stair

9) tá aithne agam ar...

10) tá eolas agam ar an tréimhse sin staire

11) tá a fhios agam go bhfuil an teach ann

12) tá meas agam air

13) tá muinín agam asat

14) tá trua agam do...

15) Tá ceist agam ort.

Foghlaim

Tá airgead **ag Seán**

Tá airgead **ag an mbuachaill**

Tá airgead **aige**

Tá airgead **ag a chara**

Cleachtaí le déanamh ...

1) **Líon na bearnaí sna habairtí seo a leanas:**

a) Bhuail mé le Liam ______ an scoil ______ a naoi a chlog.

b) Tá carr ________ (sé) ach níl aon teach ________.

c) Tá an leabhar sin léite ________ agus cheap mé go raibh sé go hiontach.

d) Tá súil __________ go mbeidh an lá amárach go maith mar gur mhaith liom dul go dtí an trá.

e) Bhí trua __________ don fhear bocht agus thug sé airgead dó.

2) **Líon na bearnaí sna habairtí seo a leanas:**

a) Tá suim ________ sa léitheoireacht agus bíonn sí i gcónaí ag léamh.

b) Bhí mo mháthair ar buile liom mar go raibh an fhuinneog briste ________.

c) Tá grá ________ do Chiara agus bíonn sé ag caint léi gach lá.

d) Tá a fhios ________ go mbeidh mo chara ann mar go raibh mé ag caint léi ar an bhfón.

e) Tá aithne ________ ar a cara ó bhí sí an-óg.

3) Líon na bearnaí sna habairtí seo a leanas:

a) Níl snámh _____ Seán ach tá sé ag foghlaim anois.

b) Tá suim _______ sa pheil agus téann sé go dtí a lán cluichí.

c) D'oscail an siopa _______ a seacht ar maidin.

d) Tá súil ________ go gceannóidh mo chara bronntanas deas dom ar mo lá breithe.

e) Tá trua _________ don chailín mar nach bhfuil aon chairde aici.

Faoi + séimhiú	Ó + séimhiú	Roimh + séimhiú	De + séimhiú
fúm	uaim	romham	díom
fút	uait	romhat	díot
faoi	uaidh	roimhe	de
fúithi	uaithi	roimpi	di
fúinn	uainn	romhainn	dínn
fúibh	uaibh	romhaibh	díbh
fúthu	uathu	rompu	díobh

Réamhfhocail éagsúla

1) tá eagla orm roimpi

2) chuir sí fáilte roimh an gcuairteoir

3) teastaíonn airgead uaidh

4) tá cabhair uathu

5) ag gáire faoi

6) ag magadh faoi

7) ag caint faoi

8) ag cúlchaint faoi

9) fiafraigh de

Cleachtaí le déanamh ...

1) **Líon na bearnaí sna habairtí seo a leanas:**

a) Bhí eagla ___ Mháire _________ an dochtúir agus bhí sí ar crith.

b) Bhí brón __________ mar go raibh gach duine ag gáire _________ mar go raibh a chóta stróicthe.

c) D'fhiafraigh mé ____ mo chara an raibh an obair bhaile déanta aige.

d) Nuair a tháinig m'aintín abhaile ó Mheiriceá chuir mo mháthair fáilte mhór __________.

e) Thug sé airgead ______ seanfhear mar go raibh airgead _________ chun bia a cheannach.

2) **Líon na bearnaí sna habairtí seo a leanas:**

a) Chuala sí a cairde ag caint ___________ agus bhí uaigneas ________ mar go raibh siad ag gáire _________ freisin.

b) Nuair a bhí mé ag siúl abhaile aréir léim fear mór os mo chomhair amach, bhí eagla an domhain ______ __________ agus rith mé ar nós na gaoithe.

c) Teastaíonn carr nua ____ mo mháthair mar go raibh sí i dtimpiste.

d) Ní maith _________ daoine a bhíonn ag cúlchaint _______ dhaoine eile agus níl sé cairdiúil le daoine mar sin.

e) Tá cabhair ____ na daoine bochta san Afraic.

3) **Líon na bearnaí sna habairtí seo a leanas:**

a) Bhí mo mhúinteoir ar buile _________ agus mar sin níor chuir mé fáilte ____________ nuair a tháinig sí go dtí mo theach.

b) Tháinig an páiste abhaile le rothar nua agus d'fhiafraigh a mháthair ___ cá bhfuair sé é.

c) Bhí an tsráid ar fad ag cúlchaint _______ na comharsana nua mar bhí siad ag troid i gcónaí.

d) Tá an buachaill sin go dona ag an mhatamaitic agus tá rang breise ________.

e) Nuair a bhuaigh mé an Crannchur bhí gach duine ag caint _________ agus in éad _______.

Súil siar........

1) **Líon na bearnaí sna habairtí seo a leanas:**

a) Is maith ________ (sé) Fraincis ach is fuath ________ Gearmáinis.

b) B'fhuath ____ Máire an buachaill sin mar gur bhris sé a croí.

c) Bhuail sé ______ Máire ag an dioscó.

d) Chabhraigh sé _______ athair chun aire a thabhairt do na páistí eile.

e) Ba mhaith _____ Máire dul go dtí an phictiúrlann ach níor thug a tuismitheoirí cead _______.

2) **Líon na bearnaí sna habairtí seo a leanas:**

a) Ba mhaith ____ hAoife dul go Conamara _______ cairde.

b) D'éirigh ____ Liam post nua a fháil sa siopa.

c) Níor thaitin obair tí ____ Siobhán ach b'fhearr _______ féachaint _______ an teilifís.

d) Bhí gach duine ag magadh _________ Phádraig mar thit sé san uisce.

e) Bhí an múinteoir ar buile ____ an rang nuair a theip ________ sa scrúdú.

3) **Líon na bearnaí sna habairtí seo a leanas:**

a) Bhí mo mháthair feargach _______ nuair a chuaigh mé amach ______ Cian mar go ndúirt sí _______ gan dul.

b) Nuair a bhí Tomás ag dul _______ scoil, bhuail sé _______ Siobhán.

c) Bhí eagla _________ an dalta agus d'éist sé _______ an múinteoir.

d) Dúirt mé ____ mo chara go raibh mé feargach _______ mar gur bhris sé mo fhón siúil.

e) Bhí eagla an domhain _____ __________ m'athair mar go raibh sé an-chrosta ______.

4) **Líon na bearnaí sna habairtí seo a leanas:**

a) Bhí aithne ______ Máire ________ Shéan ó bhí siad an-óg.

b) Ní raibh eolas _________ ar an áit sin mar nach raibh mé ann riamh.

c) Tá suim ______ sa cheol agus téim go dtí a lán ceolchoirmeacha.

d) Tháinig fearg ______ ________ an mbuachaill mar gur bhris sé mo rothar.

e) Tá súil ________ go mbeidh Colm ag an dioscó amárach mar ba bhreá _______ é.

5) **Líon na bearnaí sna habairtí seo a leanas:**

a) Bhí an bhean bhéal dorais ag troid _______ mo mháthair agus bhí sí an-fheargach _________.

b) Bhí Aoife ag caint _______ cara agus ní raibh sí ag éisteacht _______ an múinteoir.

c) Ní féidir _______ (mé) an obair bhaile sin a dhéanamh agus tá eagla ____ go mbeidh an muínteoir feargach _______.

d) Níor chuir mo mháthair fáilte _______ mo chara agus níor tháinig sí chun an tí arís.

e) Bhris na páistí an fhuinneog agus bhí eagla _______ roimh a dtuismitheoirí.

6) **Líon na bearnaí sna habairtí seo a leanas:**

a) Fuair mé an t-airgead _____ an urlár agus thug mé _______ Phádraig é.

b) Scríobh mé litir _____ peann agus ansin d'fhág mé ______ an mbord é.

c) Ní dhearna Diarmaid a obair bhaile agus an lá ina dhiaidh sin bhí fearg ___ an múinteoir.

d) Bhí slaghdán _______ Shéamas agus mar sin ní dheachaigh sé go dtí an cluiche _______ Pádraig.

e) Bhí grá ag Úna ________ Sheán agus chuaigh sí chuig an rince _______.

7) **Líon na bearnaí sna habairtí seo a leanas:**

a) D'oscail an bhean an doras ____ Mháire _____ heochair.

b) Bhuail an fear an buachaill _______ bata mar bhí fearg _______.

c) Rug an feirmeoir _________ an ngadaí agus bhí eagla ________.

d) Bhí brón _____ Shéan mar theip _________ sa scrúdú.

e) D'iarr mé _______ Liam airgead a thabhairt ________.

CAIBIDIL 11
Caint Indíreach

'Tá an múinteoir ag caint anois,' arsa Máire – sin ráiteas nó caint dhíreach.
Ceapaim go bhfuil an múinteoir ag caint – sin ráiteas nó caint indíreach.

Má chuirtear focal ar nós 'deirim/ceapaim/cloisim/is dóigh liom….' roimh chaint duine eile, ní mór athrú a dhéanamh ar chuid de na focail, go háirithe ar na briathra.

riail le foghlaim

I ndiaidh focail mar deir, is dóigh liom, measaim, sílim, cloisim…

cuirtear **go + urú**

nó

gur + séimhiú, agus **nach + urú**

nó

nár + séimhiú roimh an mbriarthar.

Díreach	Indíreach
	Deirim
'Táim ag obair go dian'	**go bh**fuilim ag obair go dian
'Ní thugann sí aon aird orm'	**nach dtugann** sí aon aird orm
'Chualamar an scéal'	**gur** chualamar an scéal
'Níor tháinig an buachaill'	**nár** tháinig an buachaill
'Beidh sé ann amárach'	**go m**beidh sé ann amárach
'Ní ólfaidh sé deoch arís'	**nach n-**ólfaidh sé deoch arís.

Go + urú roimh an aimsir láithreach, an aimsir fháistineach agus an modh coinníollach

Nach + urú roimh an aimsir láithreach, an aimsir fháistineach agus an modh coinníollach

Gur + séimhiú (más féidir) roimh an aimsir chaite

Nár + séimhiú (más féidir) roimh an aimsir chaite

Eisceacht:

go/nach raibh	ceapaim go raibh sé ann/ceapaim nach raibh sé ann
go/nach ndúirt	ceapaim go ndúirt/ceapaim nach ndúirt
go/nach bhfaca	ceapaim go bhfaca/ceapaim nach bhfaca
go/nach bhfuair	ceapaim go bhfuair/ceapaim nach bhfuair
go/nach ndeachaigh	ceapaim go ndeachaigh/ceapaim nach ndeachaigh
go/nach ndearna	ceapaim go ndearna/ceapaim nach ndearna

Gheobhaidh sé/ní bhfaighidh sé ——————► **go/nach bhfaighidh**

Ceapaim go bhfaighidh sé

Ceapaim nach bhfaighidh sé

Gheobhadh sé/ní bhfaigheadh sé ——————► **go/nach bhfaigheadh sé**

Ceapaim go bhfaigheadh sé

Ceapaim nach bhfaigheadh sé

Cleachtaí le déanamh ...

1) **Cuir 'Léann Síle' roimh na habairtí seo a leanas agus déan cibé athruithe is gá:**

a) D'imigh an tUachtarán go Meiriceá ______________________________

b) Ghoid beirt fhear milliún punt ______________________________

c) Níor imir Ciarraí go maith ______________________________

d) Shiúil an fear poist sin fiche míle inné ______________________________

e) Ní chuirfidh na feirmeoirí an ruaig ar an lucht siúil ______________________________

2) Cuir 'Léann Seán' roimh na habairtí seo a leanas agus déan cibé athruithe is gá:

a) Chaith muintir na hÉireann an-chuid airgid ar an ól anuraidh ______________________________

b) Beidh na scoileanna dúnta ar feadh seachtaine ______________________________

c) Níor tháinig aon duine slán ón timpiste ______________________________

d) Tiocfaidh sé go luath ______________________________

e) Ní fheicim aon duine anseo ______________________________

3) Cuir 'Deir Seán le Síle' roimh na habairtí seo a leanas agus déan cibé athruithe is gá

a) Níor tháinig an bus aréir ______________________________

b) Ní bheidh an Dáil ar siúl amárach ______________________________

c) Bhuaigh sé ar an mbuachaill sin sa chomórtas leadóige ______________________________

d) Cheannaigh sé cóta nua inné ______________________________

e) Beidh sé ag dul faoi scrúdú go luath ______________________________

4) Cuir 'Scríobhann Máire' roimh na habairtí seo a leanas agus déan cibé athruithe is gá:

a) Chuaigh Mam go Corcaigh ______________________________

b) Fuair sé an chéad áit ______________________________

c) Ní dhearna Tomás aon ghoid ______________________________

d) Chonaic Pól an gadaí ______________________________

e) Bhí na mná ag gol ______________________________

5) **Cuir 'Scríobhann Cillian' roimh na habairtí seo a leanas agus déan cibé athruithe is gá:**

a) Ní fhaca Gearóid an timpiste ______________________

b) Chonaic sé an leon sa Zú ______________________

c) Ní raibh móran daoine ann ______________________

d) Ní dheachaigh Nóra abhaile ______________________

e) Dúirt an gadaí leis imeacht ______________________

6) **Cuir 'Deir Pól le Peadar' roimh na habairtí seo a leanas agus déan cibé athruithe is gá:**

a) Ní dhíolfadh an feirmeoir an fheirm ______________________

b) Ceannóidh sé rothar nua ______________________

c) Fanfaidh sé le Tomás ______________________

d) Níor chuala sé Peadar ag teacht ______________________

e) Béarfaidh na gardaí ar an ngadaí ______________________

Caint Indíreach san Aimsir Chaite – Athrú Aimsirí

Má chuirtear briathar san aimsir chaite roimh insint dhíreach, ní mór cuid de na haimsirí a athrú –

Aimsir Láithreach ⟶ Aimsir Chaite

Aimsir Fháistineach ⟶ Modh Coinníollach

Aimsir Chaite ⟶ Aimsir Chaite

Modh Coinníollach ⟶ Modh Coinníollach

Samplaí

Díreach	**Indíreach**
	Dúirt Seán
'Beidh mé ann'	**go mbeadh** sé ann

'Ní bheidh mé ann'	**nach mbeadh sé ann**
'Tá sí ag teacht'	**go raibh** sí ag teacht
'Chonaic mé é'	**go bhfaca** sé é
'Ní fhaca mé é'	**nach bhfaca** sé é
'Rachainn ann dá mbeadh an aimsir go maith'	**go rachadh** sé ann dá mbeadh an aimsir go maith
'Ní rachainn ann'	**nach rachadh** sé ann

Cleachtaí le déanamh ...

1) **Cuir 'Léigh Síle' roimh na habairtí seo a leanas agus déan cibé athruithe is gá:**

a) Níor imigh an tUachtarán go Meiriceá ______________________

b) Ghoid beirt fhear milliún punt ______________________

c) Níor imir Ciarraí go maith ______________________

d) Shiúil an fear poist sin fiche míle inné ______________________

e) Ní chuirfidh na feirmeoirí an ruaig ar an lucht siúil ______________________

2) **Cuir 'Léigh Cian' roimh na habairtí seo a leanas agus déan cibé athruithe is gá:**

a) Chaith muintir na hÉireann an-chuid airgid ar an ól anuraidh ______________________

b) Beidh na scoileanna dúnta ar feadh seachtaine ______________________

c) Níor tháinig aon duine slán ón timpiste ______________________

d) Chuala Úna an scéal ______________________

e) Thit an fear ar an talamh ______________________

3) **Cuir 'Dúirt Seán le Síle' roimh na habairtí seo a leanas agus déan cibé athruithe is gá:**

a) Tiocfaidh sé go luath ______________________

b) Ní fheicim aon duine anseo ______________________

c) Buailfidh sé bóthar anois ______________________

d) Níor tháinig an bus aréir ______________________

e) Bhuaigh mé ar an mbuachaill sin sa chomórtas leadóige ______________________

4) **Cuir 'Dúirt Maire' roimh na habairtí seo a leanas agus déan cibé athruithe is gá:**

a) Cheannaigh sí cóta nua inné ______

b) Beidh sí ag dul faoi scrúdú go luath ______

c) Thit fear isteach san uisce inné ______

d) Bhí an dioscó go han-mhaith aréir ______

e) Bhí brón ar an bhfile ______

5) **Cuir 'Dúirt Ultán' roimh na habairtí seo a leanas agus déan cibé athruithe is gá:**

a) Chuaigh Mam go Corcaigh ______

b) Ní dhearna Tomás aon obair ______

c) Chonaic Pól an gadaí ______

d) Bhí na mná ag gol ______

e) Ní fhaca Gearóid an timpiste ______

6) **Cuir 'Dúirt Bróna' roimh na habairtí seo a leanas agus déan cibé athruithe is gá:**

a) Chonaic sé an leon sa Zú ______

b) Ní dheachaigh Nóra abhaile ______

c) Rinne Máirtín obair iontach ______

d) Dúirt an gadaí leis imeacht ______

e) Ní bhfuair Síle an litir ______

7) **Cuir 'Dúirt Pól le Peadar' roimh na habairtí seo a leanas agus déan cibé athruithe is gá:**

a) Dheisigh Daid a rothar ______

b) D'fhan an seanduine ina shuí ______

c) Níor oscail an siopadóir a bhéal ______

d) Ní dhíolfadh an feirmeoir an fheirm ______

e) Ceannóidh mé rothar nua ______

An Chopail sa Chlaoninsint

An Aimsir Láithreach

Díreach	Indíreach
'Is capall tapaidh é'	Deir sé **gur** capall tapaidh é
'Ní capall tapaidh é'	Deir sé **nach** capall tapaidh é
'Is maith liom ceol'	Deir sé **gur** maith leis ceol
'Ní maith liom spórt'	Deir sé **nach** maith leis spórt
'Is áit álainn é'	Deir sé **gur áit álainn é** (gur roimh ainmfhocal)
'Ní áit álainn é'	Deir sé **nach áit álainn é**
'Is álainn an radharc é'	Deir sé **gurb álainn an radharc é** (gurb roimh aidiacht)
'Ní álainn an radharc é'	Deir sé **nach álainn an radharc é**

An Aimsir Chaite

'**Ba ch**apall tapaidh é'	Dúirt sé **gur ch**apall tapaidh é
'**Níor ch**apall tapaidh é'	Dúirt sé **nár ch**apall tapaidh é
'Ba mhaith liom ceol'	Dúirt sé **gur** mhaith leis ceol
'Níor mhaith liom spórt'	Dúirt sé **nár** mhaith leis spórt
B'éigean dó é a dhéanamh	Dúirt sé **gurbh** éigean dó é a dhéanamh
Níorbh éigean dó é a dhéanamh	Dúirt sé **nárbh** éigean dó é a dhéanamh
B'fhearr dom dul abhaile	Dúirt sé **gurbh** fhearr dó dul abhaile
Níorbh fhearr dom dul abhaile	Dúirt sé **nárbh** fhearr dó dul abhaile

Cleachtaí le déanamh ...

1) **Cuir 'Deir sé le Máire' roimh na habairtí seo a leanas:**

a) Is maith liom an raidió ach is fearr liom an teilifís ______________________

b) Is féidir liom dul amach leat anocht ______________________

c) Níl snámh agam ______________________

d) Is scéal suimiúil é sin ______________________

e) Ní bean chairdiúil í ______________________

2) **Cuir 'Deir sé le Cian' roimh na habairtí seo a leanas:**

a) Is duine deas é ______________________

b) Ní scoil mhór í seo ______________________

e) Is é mo thuairim go bhfuil an cailín sin go deas ______________________

d) Is cuimhin liom go maith mo chéad lá ar scoil ______________________

e) Is breá liom an samhradh ______________________

3) **Cuir 'Ceapann Aoife' roimh na habairtí seo a leanas agus déan cibé athruithe is gá:**

a) Is cuimhin léi a céad lá ar scoil ______________________

b) Ní maith liom scoil ______________________

c) Ní féidir liom dul anois ______________________

d) Is file maith é ______________________

e) Ní dán fada é ______________________

4) **Cuir 'Dúirt sé le Máire' roimh na habairtí seo a leanas:**

a) Is fearr liom úll ná oráiste ______________________

b) Is scríbhneoir an-mhaith é ______________________

c) B'éigean dó dul abhaile nuair a chuala sé an nuacht ______________________

d) B'fhearr leis fanacht sa leaba ná dul ar scoil ______________________

e) Is file den scoth é ______________________

5) Cuir 'Dúirt sé le Niamh' roimh na habairtí seo a leanas:

a) Is údar suimiúil é ______

b) Is fear ciúin é Dónall ______

c) Ba í Máire an duine ab fhearr sa scéal ______

d) Is fada liom deireadh na seachtaine seo ______

e) Ní mór dom dul amach anois ______

6) Cuir 'Dúirt Pádraigín' roimh na habairtí seo a leanas

a) Is maith liom scoil ______

b) Is scéal suimiúil é ______

c) Níl snámh agam ______

d) Ba bhreá liom an fómhar ______

e) Ba é an Luan an chéad lá de na laethanta saoire ______

Modh Ordaitheach agus Caint Indíreach

Má chuirtear briathar san aimsir chaite roimh an mbriathar sa mhodh ordaitheach, athraítear an modh ordaitheach go dtí an t-ainm briathartha

Athraíonn **ná** go **gan** sa Chaint Indíreach

Samplaí

Ordú	**Indíreach**
'Fan ansin,' arsa Mam liom	Dúirt Mam liom fanacht
'Tar amach,' arsa an múinteoir	Dúirt an múinteoir teacht amach
'Ná lig dó dul abhaile,' arsa an múinteoir	Dúirt an múinteoir gan ligean dó dul abhaile
'Dún an doras,' arsa Mam	Dúirt Mam an doras **a dh**únadh

Cleachtaí le déanamh ...

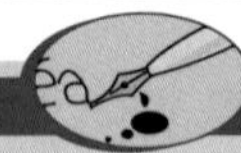

1) **Cuir na focail 'Dúirt Daid le Mícheál' roimh gach ordú thíos:**

a) Gearr an t-adhmad ______

b) Ná tabhair aisfhreagra dom ______

c) Faigh peann agus scríobh an litir ______

d) Coinnigh greim ar an rópa ______

e) Críochnaigh do chuid oibre ______

2) **Cuir na focail 'Dúirt Daid le Niamh' roimh gach ordú thíos:**

a) Déan do dhícheall ______

b) Ná glan an carr ______

c) Ná caith tobac ______

d) Déan machnamh ar an gceist ______

e) Freagair an cheist ______

3) **Cuir na focail 'Dúirt Úna le Pól' roimh gach ordú thíos:**

a) Cuir an gluaisteán sa gharáiste ______

b) Tar liom agus ná déan moill ______

c) Bris an doras agus téigh isteach ______

d) Oscail an doras agus lig an fear isteach ______

e) Fuascail an príosúnach agus tabhair abhaile leat é ______

______

4) **Cuir na focail 'Dúirt Daid le Mícheál' roimh gach ordú thíos:**

a) Tabhair an leabhar dom agus fan anseo ______

______

b) Imigh leat abhaile agus ith do dhinnéar ______

______

c) Ná tóg amach an peann ach cuir isteach i do mhála é ______

______

d) Ná fag an áit seo agus ná déan é sin arís ______________________________

____

e) Ná déan nós agus ná bris nós ______________________________

____

5) **Athscríobh gan na lúibíní na habairtí seo:**

a) D'ordaigh an captaen do na saighdiúirí (Ná téigí isteach sa chuan ach féachaigí chuige go bhfuil sibh ullamh chun troda)

____

b) Dúirt sé leis na buachaillí (Ná bígí ag imirt ar an mbóthar ach imrígí sa pháirc)

____

c) Dúirt sí lena hiníon (Ná las an tine ach ullmhaigh í)

____

d) Mhol sí dó (Ná faigh é sin ach fág é san áit ina bhfuil sé)

____

e) D'iarr mé air (Déan an teachtaireacht agus ceannaigh na hearraí dom)

____

6) **Athscríobh gan na lúibíní na habairtí seo:**

a) D'iarr sé orm (Ardaigh an píosa adhmaid sin agus cuir isteach sa chiseán é)

____

b) D'iarr mé uirthi (Ná suigh ansin ach éirigh i do sheasamh)

____

c) D'iarr sé orm (Ná tar níos congaraí ach imigh as mo radharc)

____

d) D'iarr siad orm (Fan amach uathu agus lig an t-ainmhí saor)

____

e) Dúirt sé leis (Seas suas agus oscail an fhuinneog)

____

CAIBIDIL 12
Na hUimhreacha

Ainmfhocal ag tosú le consan

1– 6 + séimhiú	11–16	21–26
1) ceacht (aon cheacht amháin)	11) aon cheacht déag	21) ceacht is fiche
2) dhá cheacht	12) dhá cheacht déag	22) dhá cheacht is fiche
3) trí cheacht	13) trí cheacht déag	23) trí cheacht is fiche
4) ceithre cheacht	14) ceithre cheacht déag	24) ceithre cheacht is fiche
5) cúig cheacht	15) cúig cheacht déag	25) cúig cheacht is fiche
6) sé cheacht	16) sé cheacht déag	26) sé cheacht is fiche
7–10 +urú	**17–20**	**27–30**
7) seacht gceacht	17) seacht gceacht déag	27) seacht gceacht is fiche
8) ocht gceacht	18) ocht gceacht déag	28) ocht gceacht is fiche
9) naoi gceacht	19) naoi gceacht déag	29) naoi gceacht is fiche
10) deich gceacht	20) fiche ceacht	30) tríocha ceacht

Ainmfhocal ag críochnú le guta: cuir séimhiú ar an déag

1– 6 + séimhiú	11–16	21–26
1) féasta (aon fhéasta amháin)	11) aon fhéasta d**h**éag	21) féasta is fiche
2) dhá fhéasta	12) dhá fhéasta d**h**éag	22) dhá fhéasta is fiche
3) trí fhéasta	13) trí fhéasta d**h**éag	23) trí fhéasta is fiche
4) ceithre fhéasta	14) ceithre fhéasta d**h**éag	24) ceithre fhéasta is fiche
5) cúig fhéasta	15) cúig fhéasta d**h**éag	25) cúig fhéasta is fiche
6) sé fhéasta	16) sé fhéasta d**h**éag	26) sé fhéasta is fiche

7–10 + urú	**17–20**	**27–30**
7) seacht bhféasta	17) seacht bhféasta d**h**éag	27) seacht bhféasta is fiche
8) ocht bhféasta	18) ocht bhféasta d**h**éag	28) ocht bhféasta is fiche
9) naoi bhféasta	19) naoi bhféasta d**h**éag	29) naoi bhféasta is fiche
10) deich bhféasta	20) fiche féasta	30) tríocha féasta

Ainmfhocal ag tosú le *guta*

1) aiste (aon aiste amháin)	11) aon aiste dhéag
2) dhá aiste	12) dhá aiste dhéag
3) trí aiste	13) trí aiste dhéag
4) ceithre aiste	14) ceithre aiste dhéag
5) cúig aiste	15) cuig aiste dhéag
6) sé aiste	16) sé aiste dhéag
7) **seacht n-aiste**	17) seacht n-aiste dhéag
8) **ocht n-aiste**	18) ocht n-aiste dhéag
9) **naoi n-aiste**	19) naoi n-aiste dhéag
10) **deich n-aiste**	20) fiche aiste

Bliain	**Ceann**	**Uair**
1) bliain amháin	1) ceann amháin	1) uair amháin
2) dhá bhliain	2) dhá cheann	2) dhá uair
3) trí bliana	3) trí cinn	3) trí huaire
4) ceithre bliana	4) ceithre cinn	4) ceithre huaire
5) cúig bliana	5) cúig cinn	5) cúig huaire
6) sé bliana	6) sé cinn	6) sé huaire
7) seacht mbliana	7) seacht gcinn	7) seacht n-uaire
8) ocht mbliana	8) ocht gcinn	8) ocht n-uaire
9) naoi mbliana	9) naoi gcinn	9) naoi n-uaire

10) deich mbliana	10) deich gcinn	10) deich n-uaire
11) aon bhliain déag	11) aon cheann déag	11) aon uair déag
12) dhá bhliain déag	12) dhá cheann déag	12) dhá uair déag
13) trí bliana deag	13) trí cinn déag	13) trí huaire dhéag
14) ceithre bliana déag	14) ceithre cinn déag	14) ceithre huaire dhéag
15) cúig bliana deag	15) cúig cinn déag	15) cúig huaire dhéag
16) sé bliana déag	16) se cinn déag	16) sé huaire dhéag
17) seacht mbliana déag	17) seacht gcinn déag	17) seacht n-uaire dhéag
18) ocht mbliana déag	18) ocht gcinn déag	18) ocht n-uaire dhéag
19) naoi mbliana deag	19) naoi gcinn déag	19) naoi n-uaire dhéag
20) fiche bliain	20) fiche ceann	20) fiche uair

Orduimhreacha

Consan		**Guta**
1ú	An chéad lá	an chéad áit
2ú	An dara lá	an dara háit
3ú	An tríú lá	an tríú háit
4ú	An ceathrú lá	an ceathrú háit
5ú	An cúigiú lá	an cúigiú háit
6ú	An séú lá	an séú háit
7ú	An seachtú lá	an seachtú háit
8ú	An t-ochtú lá	an t-ochtú háit
9ú	An naoú lá	an naoú háit
10ú	An deichiú lá	an deichiú háit
20ú	An fichiú lá	an fichiú háit
21ú	An t-aonú lá is fiche	an t-aonú háit is fiche
30ú	An tríochadú lá	an tríochadú háit

Cleachtaí le déanamh ...

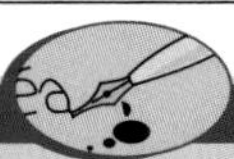

1) **Athscríobh na habairtí seo a leanas gan uimhreacha a úsáid:**

a) 5 (capall) ______________________

b) 12 (madra) ______________________

c) 6 (teach) ______________________

d) 8 (dán) ______________________

e) 3 (éan) ______________________

2) **Athscríobh na habairtí seo a leanas gan uimhreacha a úsáid:**

a) 17 (bliain) ______________________

b) 13 (timpiste) ______________________

c) 14 (francach) ______________________

d) An (3ú) ____________ asal

e) An (1ú) ____________ bhliain.

3) **Athscríobh na habairtí seo a leanas gan uimhreacha a úsáid:**

a) 11 (cipín) ______________________

b) 21 (éan) ______________________

c) An (4ú) ________________ fógra.

d) 7 (doras) ______________________

e) 10 (post) ______________________

4) **Athscríobh na habairtí seo a leanas gan uimhreacha a úsáid:**

a) An (3ú) ________________ leabhar.

b) 14 (lá) ______________________

c) 2 (fadhb) ______________________

d) 25 (tír) ______________________

e) 7 (cruinniú) ______________________

Na hUimhreacha Pearsanta

1 duine

2 beirt bhan,

beirt fhear, beirt bhuachaillí

3-10 – ní chuirtear séimhiú ná urú tar éis na n-uimhreacha pearsanta 3-10

3 triúr fear

4 ceathrar cailíní

5 cúigear filí

6 seisear dochtúirí

7 seachtar Gardaí

8 ochtar múinteoirí

9 naonúr dlíodóirí

10 deichniúr sagart

11-16 – cuirtear séimhiú ar an ainmfhocal tar éis 11, 13-16

11 aon duine dhéag

12 dháréag

13 trí dhuine dhéag

14 ceithre dhuine dhéag

15 cúig dhuine dhéag

16 sé dhuine dhéag

17-19 – cuirtear urú ar an ainmfhocal tar éis 17-19

17 seacht nduine dhéag

18 ocht nduine dhéag

19 naoi nduine dhéag

20-..............

20 fiche duine

21 duine is fiche

22 dhá dhuine is fiche

23 trí dhuine is fiche

27 seacht nduine is fiche

29 naoi nduine is fiche

30 tríocha duine

Cleachtaí le déanamh ...

1) Athscríobh na habairtí seo a leanas gan uimhreacha a úsáid:

a) 4 buachaill ____________________

b) 5 muínteoir ____________________

c) 20 sagart ____________________

d) 3 file ____________________

e) 4 banaltra ____________________

2) Athscríobh na habairtí seo a leanas gan uimhreacha a úsáid:

a) 17 amadán ____________________

b) 3 údar ____________________

c) 6 imreoir ____________________

d) 2 cailín ____________________

e) 27 dalta ____________________

3) Athscríobh na habairtí seo a leanas gan uimhreacha a úsáid:

a) 22 páiste ____________________

b) 3 príomhoide ____________________

c) 5 cara ____________________

d) 16 feirmeoir ____________________

e) 3 iascaire ____________________

4) **Athscríobh na habairtí seo a leanas gan uimhreacha a úsáid:**

a) 3 deartháir ______________________

b) 4 deirfiúr ______________________

c) 4 comharsa ______________________

d) 6 aintín ______________________

e) 12 ceoltóir ______________________

5) **Athscríobh na habairtí seo a leanas gan uimhreacha a úsáid:**

a) 3 (úll) ______________________

b) 5 (muc) ______________________

c) 17 (dán) ______________________

d) 35 (teach) ______________________

e) 55 (bliain) ______________________

6) **Athscríobh na habairtí seo a leanas gan uimhreacha a úsáid:**

a) 3 (fón) ______________________

b) 8 (ceolchoirm) ______________________

c) 4 (timpiste) ______________________

d) 15 (bád) ______________________

e) 34 (cruinniú) ______________________

7) **Athscríobh na habairtí seo a leanas gan uimhreacha a úsáid:**

a) 12 (dlúthcheirnín) ______________________

b) 3 (post) ______________________

c) 9 (peann) ______________________

d) 2 (cat) ______________________

e) 10 (madra) ______________________

8) Athscríobh na habairtí seo a leanas gan uimhreacha a úsáid:

a) 9 (bliain) ________________________________

b) 5 (dán) ________________________________

c) An (2ú) ____________________________ líne

d) An (1ú) ____________________________ bhliain

e) 6 (teach) ________________________________

CAIBIDIL 13
Céimeanna Comparáide na hAidiachta

Más mian liom a rá go bhfuil dhá rud nó beirt mar an gcéanna nó nach bhfuil siad mar an gcéanna, bainim úsáid as an nath **chomh.......le**

tá an scéal sin chomh sean leis na cnoic

níl an raidió chomh holc leis an teilifís

tá Máire chomh deas agus a bhí sí riamh

Más mian liom a rá nach bhfuil dhá rud nó beirt mar an gcéanna, bainim úsáid as **breischéim na haidiachta,** agus má tá níos mó ná dhá rud nó beirt i gceist, bainim úsáid as **sárchéim na haidiachta.**

Chun an bhreischéim agus an tsárcheim a dhéanamh, tógtar an bhunchéim agus déantar athruithe uirthi.

1) ***Más aidiacht í a chríochnaíonn ar -(e)ach, athraítear í go dtí -(a)í***

mar shampla – cumhachtach, níos cumhachtaí, is cumhachtaí

– díreach, níos dírí, is dírí

2) ***Más aidiacht í a chríochnaíonn ar -úil, athraítear í go dtí -úla***

mar shampla – sláintiúil, níos sláintiúla, is sláintiúla

3) ***Más aidiacht eile atá i gceist, de ghnáth déantar caol í agus cuirtear -e léi***

mar shampla – bán, níos báine, is báine

4) ***Más aidiacht í a chríochnaíonn le guta, de ghnáth ní dhéantar aon athrú uirthi***

mar shampla – cliste, níos cliste, is cliste.

Bunchéim	Breischéim	Sárchéim
leadránach	níos leadránaí	is leadránaí
tábhachtach	níos tábhachtaí	is tábhachtaí
brónach	níos brónaí	is brónaí
éifeachtach	níos éifeachtaí	is éifeachtaí
fealltach	níos fealltaí	is fealltaí
feargach	níos feargaí	is feargaí
santach	níos santaí	is santaí
uaigneach	níos uaigní	is uaigní
cáiliúil	níos cáiliúla	is cáiliúla
flaithiúil	níos flaithiúla	is flaithiúla
leisciúil	níos leisciúla	is leisciúla
misniúil	níos misniúla	is misniúla
ciallmhar	níos ciallmhaire	is ciallmhaire
grámhar	níos grámhaire	is grámhaire
láidir	níos láidre	is láidre
saibhir	níos saibhre	is saibhre
deacair	níos deacra	is deacra
bocht	níos boichte	is boichte
deas	níos deise	is deise
ciúin	níos ciúine	is ciúine
géar	níos géire	is géire

sean	níos sine	is sine
óg	níos óige	is óige
aoibhinn	níos aoibhne	is aoibhne
minic	níos minice	is minice
luath	níos luaithe	is luaithe
uasal	níos uaisle	is uaisle

Céimeanna Neamhrialta

Bunchéim	Breischéim	Sárchéim
beag	níos lú	is lú
dócha	níos dóichí	is dóichí
fada	níos faide	is faide
maith	níos fearr	is fearr
mór	níos mó	is mó
olc	níos measa	is measa
gearr	níos giorra	is giorra
tapaidh	níos tapúla	is tapúla
te	níos teo	is teo
álainn	níos áille	is áille

Samplaí

Tá Máire sean ach tá Aoife níos sine ná í

Bhí Máire sean ach bhí Aoife ní ba shine ná í

Tá Máire sean, tá Aoife níos sine ach is í Úna an duine is sine den triúr

Cleachtaí le déanamh ...

1) **Aistrigh na habairtí seo a leanas go Gaeilge:**

a) Máire is cleverer than Úna. ______________________________

b) The day is longer than the night. ______________________________

c) The windows are cleaner than the floor.

____

d) The pupils are younger than the teacher.

____

e) Spain is hotter than Ireland. ______________________________

2) **Aistrigh na habairtí seo a leanas go Gaeilge:**

a) I am the tiredest person in the room. ______________________________

b) Seán is nicer than Eoin. ______________________________

c) He is the most powerful man in the world.

____

d) The mouse is smaller than the rat. ______________________________

e) My father is older than my mother. ______________________________

3) **Aistrigh na habairtí seo a leanas go Gaeilge:**

a) This is the nicest class in the school. ______________________________

b) Siobhán is better at maths than Stiofán. ______________________________

c) That is the dirtiest town in Ireland. ______________________________

d) Laoise was lonlier than Lia when her friend left.

____

e) This is the brightest day of the year. ______________________________

4) **Athscríobh na habairtí seo a leanas:**

a) Éiríonn an dán níos (suimiúil) __________ agus níos (maith) __________ tar éis tamaill.

b) Is é an 21ú lá de mhí an Mheithimh an lá is (fada) __________ sa bhliain.

c) Is é an 21ú lá de mhí na Nollag an lá is (gearr) __________ sa bhliain.

d) Is é Eoin an t-imreoir is (leisciúil) ___________ ar an bhfoireann.

e) Is é an muínteoir Gaeilge an múínteoir is (cliste) ________ agus is (deas) ________ sa scoil ar fad.

5) Athscríobh na habairtí seo a leanas:

a) Is é seo an leabhar is (mór) __________ agus is (maith) ___________ a léigh mé riamh.

b) Is é Ruairí an buachaill is (dathúil) ___________ sa rang.

c) Tá an madra níos (tapaidh) ___________ ag rith ná an cat.

d) Tá an dán seo níos (tábhachtach) _____________ ná an dán eile.

e) Tá muintir Mheiriceá níos (saibhir) __________ ná muintir na hAfraice.

6) Athscríobh na habairtí seo a leanas:

a) Tagaim abhaile ón scoil níos (luath) ____________ ná mo dheirfiúr.

b) Bhí sí níos (bán) _______________ ná an sneachta nuair a bhí sí tinn.

c) Tá m'athair níos (láidir) _____________ ná mo dhearthair óg.

d) Tá eolaíocht níos (deacair) ________________ ná Béarla.

e) Tá rang 2 níos (ciúin) __________ ná rang 3 ach tá siad níos (ciallmhar) __________.

CAIBIDIL 14
An Aidiacht Bhriathartha

Tagann an Aidiacht Bhriathartha ó bhriathar. Tugann an Aidiacht Bhriathartha eolas dúinn ar an staid ina bhfuil duine nó rud tar éis gníomh áirithe.

Úsáidtear an réamhfhocal ***ag*** leis an Aidiacht Bhriathartha chun an gníomhaí a chur in iúl – tá an doras dúnta agam; tá an leabhar léite aige.

Cumtar an Aidiacht Bhriathartha trí -ta, -te, -tha, -the, -a, -e nó -fa a chur le fréamh an bhriathair, mar shampla, dúnta, scuabtha, ligthe, cleachta, tite, scríofa.

1) Cuirtear **-ta** nó **-te** le briathar a chríochnaíonn ar **-l, -n, -s, -ch, -d:**

díol	– díolta
dún	– dúnta
bris	– briste
múch	– múchta
dearmad	– dearmadta
goid	– goidte
caith	– caite
ith	– ite

2) Cuirtear -**tha** nó -**the** le briathra a chríochnaíonn ar **-b, -c, -g, -m, -p, -r:**

scuab	– scuabtha
íoc	– íoctha
stróic	– stróicthe
fág	– fágtha

tóg	– tógtha
cum	– cumtha
foghlaim	– foghlamtha
scaip	– scaipthe
cuir	– curtha
gearr	– geartha
cíor	– cíortha

3) Cuirtear **-fa** le briathra a chríochnaíonn ar **-bh, -mh, -gh**

togh – tofa

lobh – lofa

scríobh – scríofa

4) Cuirtear **-a** nó **-e** le briathra a chríochnaíonn ar **-t**

cleacht – cleachta

loit – loite

scoilt – scoilte

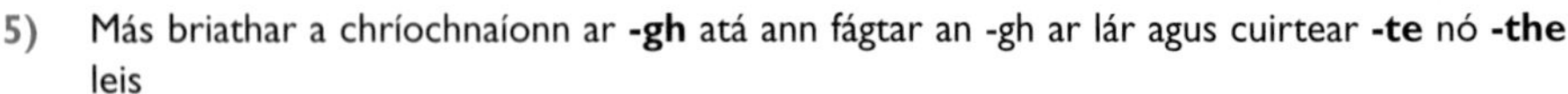

5) Más briathar a chríochnaíonn ar **-gh** atá ann fágtar an -gh ar lár agus cuirtear **-te** nó **-the** leis

léigh	– léite
imigh	– imithe
ceannaigh	– ceannaithe
suigh	– suite

Samplaí eile

Fréamh	Aidiacht Bhriathartha
tar	tagtha
téigh	dulta
feic	feicthe

clois	cloiste
abair	ráite
déan	déanta
beir	beirthe
faigh	faighte
tabhair	tugtha
sábháil	sábháilte
dóigh	dóite
crúigh	crúite
reoigh	reoite
báigh	báite
buaigh	buaite
léigh	léite
pléigh	pléite
suigh	suite
nigh	nite
ceannaigh	ceannaithe
imigh	imithe
imir	imeartha
foghlaim	foghlamtha
inis	inste
rith	rite
bris	briste
oscailt	oscailte
pós	pósta

Cleachtaí le déanamh ...

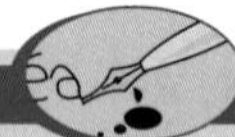

1) **Athscríobh na habairtí seo a leanas gan na lúibíní:**

a) Nuair a bhí an obair (déan) __________ aige, d'imigh sé abhaile.

b) Má tá an leabhar (léigh) ___________ agat, tabhair ar ais é.

c) Nuair a bhí an dán (abair) __________ aici, shuigh sí síos.

d) Thit a chodladh air nuair a bhí an litir (scríobh) __________ aige.

e) Bhí bó (ceannaigh) _________ agus capall (díol) _________ agam nuair a tháinig sé abhaile.

2) **Athscríobh na habairtí seo a leanas gan na lúibíní:**

a) Ní dheachaigh sé isteach mar bhí an doras (dún) __________

b) Bhí an tine (las) _________ agus beile breá (ullmhaigh) __________ aici.

c) Beidh siad (imigh) ___________ i gceann coicíse.

d) Níl an cluiche (críochnaigh) __________ fós ná an craobh (buaigh)_____________ acu.

e) Níl sé (tar) _____________ fós.

3) **Athscríobh na habairtí seo a leanas gan na lúibíní:**

a) Bhí an fear (bearr) _________, a lámha (nigh) __________, a chuid gruaige (cíor) _________ agus a bhróga (snas) _____________ aige.

b) Tá Taoiseach (togh) ____________ ag an Dáil anois.

c) Bhí an rang go léir (bailigh) _____________ sa seomra.

d) Bhí mo mhála (fág) ____________ i mo dhiaidh.

e) Beidh na gadaithe (gabh) ______________ ag na gardaí amárach.

4) **Athscríobh na habairtí seo a leanas gan na lúibíní:**

a) Bhí a mhála (goid) _______________

b) Níl mo sheomra (glan) ____________ agam go fóill.

c) Tá príomhaire nua (togh) ______________ sa Bhreatain.

d) Bhí an seomra (cuardaigh) ____________ ag na gardaí.

e) Níl mo chuid obair bhaile (déan) _____________ go fóill.

5) Athscríobh na habairtí seo a leanas gan na lúibíní:

a) Níl an scéal sin (clois) __________ agam cheana.

b) An bhfuil an béile sin (ith) __________ agat go fóill?

c) Tá sé (bris) __________ as a phost.

d) Tá an fhuil (truailligh) __________.

e) Tá praiseach (déan) __________ den obair sin aige.

6) Athscríobh na habairtí seo a leanas gan na lúibíní:

a) Níl Seán (tar) __________ go fóill.

b) Tá Máire agus Liam (pós) __________ anois.

c) Tá an fear sin (lobh) __________ le hairgead.

d) Tá Máire (fill) __________ abhaile le seachtain anois.

e) Tá an dinneár sin (blas) __________ agam agus ceapaim go bhfuil sé (lobh) __________.

7) Athscríobh na habairtí seo a leanas gan na lúibíní:

a) Tá mo chuid airgid go léir (caith) __________ agam anois.

b) Nuair a bhí sí (suigh) __________ síos, thit a codladh uirthi.

c) Tá na páistí dána (cuir) __________ abhaile.

d) Tá a lán dánta iontacha (scríobh) __________ ag Cathal Ó Searcaigh.

e) Beidh na príosúnaigh (scaoil) __________ amach amárach.

8) Athscríobh na habairtí seo a leanas gan na lúibíní:

a) Tá mé (préach) __________ leis an bhfuacht.

b) Tá an t-uisce go léir (reoigh) __________.

c) Tá an fear sin (imigh) __________ anois.

d) Tá mo leabhair go léir (cuir) __________ i mo mhála.

e) Tá an clár sin (feic) __________ go minic agam cheana.

9) Athscríobh na habairtí seo a leanas gan na lúibíní:

a) Tá an leithscéal sin (tabhair) __________ agus (clois) __________ go minic.

b) Tá a lán amhrán (cum) __________ ag an bhfear sin.

c) Níl deireadh (abair) __________ fós.

d) Bhí an timpiste (luaigh) __________ ar an raidió ar maidin.

e) Bhí an madra (ceangail) __________ agam.

CAIBIDIL 15
An tAinm Briathartha

Tagann an tAinm briathartha ó bhriathar agus tá feidhm ainmfhocail agus feidhm briathair aige.

Cuirtear foirceann (*affix*) éigin, de ghnáth, le fréamh an bhriathair chun an t-ainm briathartha a chumadh.

1) **Cuirtear -(e)adh le roinnt briathra.**

béic – béiceadh

caill – cailleadh

geall – gealladh

2) **Is é -ú nó -iú an foirceann a chuirtear leis an gcuid is mó de na briathra ilsiollacha a chríochnaíonn le -aigh no -igh**

bailigh – bailiú

críochnaigh – críochnú

ach!

tá ainm briathartha neamhrialta ag cuid de na briathra ilsiollacha

ceannaigh – ceannach

cónaigh – cónaí

3) **Cuirtear -t leis an bhfréamh le cuid de na briathra**

bain – baint

imir – imirt

4) **Cuirtear -áil leis an bhfréamh le cuid de na briathra**

fág – fágáil

tóg – tógáil

5) **Cuirtear -(a)int leis an bhfréamh le cuid de na briathra**

féach – féachaint

tuig – tuiscint

6) **Cuirtear -(e)amh leis an bhfréamh le cuid de na briathra**

caith – caitheamh

déan – déanamh

Fréamh	Ainm Briathartha	Fréamh	Ainm Briathartha
Abair	**rá**	Freagair	**freagairt**
Aimsigh	**aimsiú**	Fulaing	**fulaingt**
Bagair	**bagairt**	Glan	**glanadh**
Bailigh	**bailiú**	Glaoigh	**glaoch**
Beir	**breith**	Imigh	**imeacht**
Bí	**bheith**	Imir	**imirt**
Bris	**briseadh**	Impigh	**impí**
Buaigh	**buachan**	Inis	**insint**
Buail	**bualadh**	Ith	**ithe**
Caill	**cailleadh**	Labhair	**labhairt**
Caith	**caitheamh**	Lean	**leanúint**
Ceannaigh	**ceannach**	Léigh	**léamh**
Ceistigh	**ceistiú**	Léim	**léim**
Cíor	**cíoradh**	Lig	**ligean**
Clois	**cloisteáil**	Líon	**líonadh**
Clúdaigh	**clúdach**	Múin	**múineadh**
Coimeád	**coimeád**	Nigh	**ní**
Cónaigh	**cónaí**	Oscail	**oscailt**
Creid	**creidiúint**	Pioc	**piocadh**
Críochnaigh	**críochnú**	Pléigh	**plé**
Cuardaigh	**cuardach**	Réitigh	**réiteach**

Cuir	**cur**	Rith	**rith**
Déan	**déanamh**	Scríobh	**scríobh**
Díol	**díol**	Seas	**seasamh**
Dúisigh	**dúiseacht**	Siúil	**siúl**
Dún	**dúnadh**	Socraigh	**socrú**
Éirigh	**éirí**	Suigh	**suí**
Faigh	**fáil**	Tabhair	**tabhairt**
Fan	**fanacht**	Tar	**teacht**
Féach	**féachaint**	Téigh	**dul**
Feic	**feiceáil**		

1) Úsáidtear ag leis an ainm briathartha nuair is gníomh leanúnach atá i gceist:

ag déanamh; ag labhairt; ag canadh; ag íoc.

2) Úsáidtear **a** roimh an ainm briathartha:

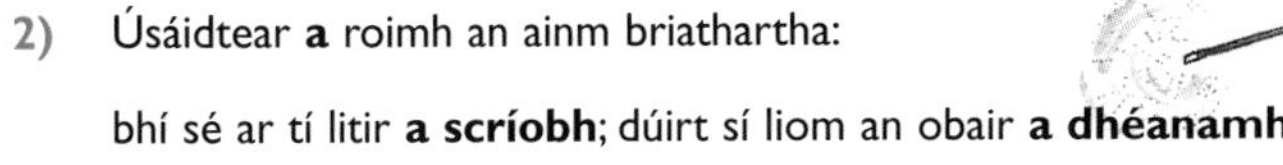

bhí sé ar tí litir **a scríobh**; dúirt sí liom an obair **a dhéanamh**

3) Úsáidtear **le** agus **chun** leis an ainm briathartha chun gníomh atá nó a bhí beartaithe le déanamh:

chuaigh sé ann chun labhairt leis

bhí a lán oibre le déanamh agam

Cleachtaí le déanamh ...

1) **Cuir isteach an fhoirm cheart de na briathra idir lúibíní agus cuir críoch oiriúnach le gach abairt thíos:**

a) Bhí sé ar tí an buachaill a (buail) ______________ nuair ______________

____

b) Chuaigh sé amach chun an doras a (dún) ______________ ach ______________

____

c) Ní raibh an fear in ann é a (múin) ____________ mar ____________________

____

d) Bhí sé ar intinn aici an baile a (fág) ____________ cé go ________________

____

e) Rachaidh siad ann chun na ba a (díol) ____________ ach ________________

____

2) Cuir isteach an fhoirm cheart de na briathra idir lúibíní agus cuir críoch oiriúnach le gach abairt thíos:

a) Ní raibh ar chumas na ndaoine an t-airgead a (caith) ____________ toisc gur _____

____

b) Thuig sé go mbeadh air (seas) ______________ ainneoin ________________

____

c) Bhí orthu (léim) ____________ thar an ngeata de bhrí gur ______________

____

d) Tháinig sé chuig na rásaí chun na capaill a (feic) ____________ ach __________

____

e) Chuaigh mé ann chun an leabhar a (ceannaigh) ______________ ach __________

____

3) Cuir isteach an fhoirm cheart de na briathra idir lúibíní agus cuir críoch oiriúnach le gach abairt thíos:

a) Bhí orm an cheist a (freagair) ____________ cé ______________________

____

b) B'éigean dom an cluiche a (imir) ____________ ar eagla go ______________

____

c) D'fhág siad an seomra chun na cóipleabhair a (bailigh) ____________ cé go

____

d) Bhí mé ar tí é sin a (abair) ________ nuair a ______________________

____

e) Tháinig sé anseo chun (téigh) __________ go dtí an cluiche ach mar sin féin

____

4) Cuir isteach an fhoirm cheart de na briathra idir lúibíní agus cuir críoch oiriúnach le gach abairt thíos:

a) Fuair mé an leabhar sin chun é a (tabhair) __________ don bhuachaill mar

____

b) Is ar éigin a bhí mé in ann é sin a (déan) __________ toisc __________

____

c) Léim sé chun (beir) __________ ar an liathróid ach __________

____

d) Cheannaigh sé ceapairí chun iad a (ith) __________ ach __________

____

e) Chuaigh sé ann go luath chun mála nua a (faigh) __________ ar eagla go __________

____

CAIBIDIL 16
An tAinmfhocal

Tá dhá inscne sa Ghaeilge, **firinscne agus baininscne.**

Níl aon riail dhocht dhaingean ann chun a rá an bhfuil ainmfhocal baininscneach nó firinscneach, ach tá cúpla leid ann chun é a dhéanamh amach –

Firinscneach

a) Má chríochnaíonn ainmfhocal ar **-án,** bíonn sé firinscneach de ghnáth

Mar shampla

arán, milseán, amadán, ardán, portán

b) Má chríochnaíonn ainmfhocal ar **-eoir, -éir, -óir, -úir,** agus má tá baint aige le slí bheatha, bíonn sé firinscneach de ghnáth

Mar shampla

dochtúir, múinteoir, tuismitheoir, feirmeoir, polaiteoir

c) Má chríochnaíonn ainmfhocal ar **-ín,** bíonn sé firinscneach de ghnáth

Mar shampla

cailín, toitín, sicín, silín

d) Má chríochnaíonn ainmfhocal ar **-(e)acht,** agus mura bhfuil ann ach siolla amháin, bíonn sé firinscneach de ghnáth

Mar shampla

ceacht, smacht, éacht, racht

e) Má chríochnaíonn ainmfhocal ar **ghuta,** tá seans ann go bhfuil sé firinscneach

Mar shampla

file, rogaire, oibrí, pá, rúnaí, siopa, uisce, tiománaí

f) Má chríochnaíonn ainmfhocal ar **chonsan leathan,** tá seans ann go bhfuil sé firinscneach

Mar shampla

cath, éad, fuath, sionnach

Bainscneach

a) Má chríochnaíonn ainmfhocal ar **-(e)acht** agus níos mó ná siolla amháin ann, nó má chríochnaíonn an t-ainmfhocal ar **-(a)íocht,** bíonn sé bainscneach de ghnáth

Mar shampla

filíocht, aidiacht, cumhacht, iarracht, éifeacht

b) Má chríochnaíonn ainmfhocal ar **-eog** nó **-óg,** bíonn sé bainscneach de ghnáth

Mar shampla

fuinneog, bábóg, bróg

c) Má chríochnaíonn ainmfhocal ar **-lann,** bíonn sé bainscneach de ghnáth

Mar shampla

leabharlann, amharclann, pictiúrlann

d) Má chríochnaíonn ainmfhocal ar **chonsan caol,** tá seans ann go bhfuil sé baininscneach

Mar shampla

altóir, Cáisc, feoil, fuil

Cleachtaí le déanamh ...

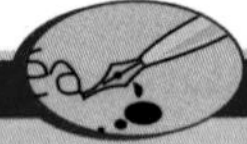

Déan iarracht a dhéanamh amach an bhfuil na hainmfhocail seo a leanas baininscneach (b) nó firinscneach (f)

údar	aisteoir	bord	teilifís
teach	agóid	aicíd	aidhm
aisling	áis	bainis	aois
argóint	baintreach	cailc	cearnóg
ceardlann	coinín	ríomhaire	bóthar
bainisteoir	biseach	feabhas	scéal
fiaclóir	seomra	sólás	maistín
banc	páiste	aimsir	trua
taitneamh	fear	sagart	gunna
tuaisceart	bochtanas	foréigean	cabhair
comhairle	baile	ócáid	moill
scéal	balla	tairngreacht	dílseacht
muinín	farraige	craiceann	osna
uaigneas	abairt	ceist	seachtain
eaglais	feirm	fiacail	gealach
gruaig	liathróid	obair	páirc
pingin	guth	loch	rang
rinceoir	siopadóir	báicéir	trácht

An Tuiseal Ginideach

1) Má thagann dhá ainmfhocal le chéile, bíonn an dara ceann sa tuiseal ginideach

Mar shampla

bean an tí, fear an phoist

2) Má thagann ainmfhocal díreach i ndiaidh an ainm bhriathartha, bíonn sé sa tuiseal ginideach

Mar shampla

ag déanamh na hoibre, ag insint na fírinne, ag tógáil tí

3) Má thagann ainmfhocal díreach i ndiaidh an réamhfhocail chomhshuite, bíonn sé sa tuiseal ginideach

Mar shampla

ar aghaidh **opposite**	i gcomhair **for the purpose of**
ar chúl **behind**	i lár **in the middle of**
ar feadh **during, throughout**	i láthair **in the presence of**
ar fud **throughout**	i measc **among**
ar son **for the sake of, on behalf of**	in aice **beside**
de bharr **as a result of**	i ndiaidh **after**
de bhrí **because of**	i rith **during**
de réir **according to**	i dtreo **in the direction of**
go ceann **for the duration of**	le haghaidh **for the purpose of**
i dtaobh **about**	le hais **beside**
le linn **during**	os cionn **above**
os comhair **opposite, in front of**	tar éis **after**

Leanann an Tuiseal Ginideach na réamhfhocail seo chomh maith

chun, dála, timpeall, trasna, cois

Samplaí

ar feadh na hoíche	**dála an scéil**
go ceann tamaill	**trasna an tsléibhe**
ag tús an scéil	**ar son na hÉireann**
i gcoinne a thola	**in aice na tine**
i rith na bliana	**in aghaidh an dorais**
os comhair an tí	

Na Díochlaontaí

Tá cúig dhíochlaonadh den Ainmfhocal sa Ghaeilge. Is í foirm an Tuisil Ghinidigh Uatha a thaispeánann díochlaonadh an ainmfhocail.

An Chéad Díochlaonadh

Tá na hainmfhocail go léir firinscneach agus críochnaíonn siad ar chonsan leathan. Chun an tuiseal ginideach uatha a fháil, caolaítear an consan deiridh.

Tuiseal ainmneach (Ain.)

Tuiseal ginideach (Gin.)

	Uatha	Iolra
Ain.	Tháinig **an fear**	Tháinig **na fir**
Gin	caint **an fhir**	caint **na bhfear**
Ain.	Tháinig **an sagart**	Tháinig **na sagairt**
Gin.	caint **an tsagairt**	caint **na sagart**
Ain.	Tháinig **an t-éan**	Tháinig **na héin**
Gin.	ceol **an éin**	ceol **na n-éan**
Ain.	Tháinig **an marcach**	Tháinig **na marcaigh**
Gin.	caint **an mharcaigh**	caint **na marcach**
Ain.	**An dán**	**na dánta**
Gin	téama **an dáin**	téama **na ndánta**

Aire!

Má thosaíonn an t-ainmfhocal le **d** nó **t,**

ní chuirtear séimhiú air sa tuiseach ginideach –

ainm an droichid

praghas an ticéid

An bhfuil a fhios agat?

Baineann a lán de na hainmfhocail aidiachtacha leis an gCéad Díochlaonadh

Ain.	**An tÉireannach**	**na hÉireannaigh**
Gin.	tír **an Éireannaigh**	tír **na nÉireannach**
Ain.	**An Sasanach**	**na Sasanaigh**
Gin.	tír **an tSasanaigh**	tír **na Sasanach**
Ain.	**An Gearmánach**	**na Gearmánaigh**
Gin.	tír **an Ghearmánaigh**	tír **na nGearmánach**

Tréaniolra

Má tá an fhoirm chéanna ag an ainmfhocal i ngach tuiseal agus é san uimhir iolra, is tréaniolra é.

Mar shampla

an bóthar	na bóithre
ar thaobh an bhóthair	ar thaobh na mbóithre

Samplaí eile:

dánta, cogaí, bealaí

Lagiolra

Má tá an fhoirm chéanna ag an nginideach iolra is atá ag an ainmfhocal uatha, is lagiolra é.

Mar shampla

an bád	na báid
dath an bháid	**dath na mbád**

Samplaí eile:

fear, sagart

De ghnáth, críochnaíonn an tuiseal ainmneach iolra le consan caol nó le -a má tá lagiolra aige

Samplaí eile ón gcéad díochlaonadh

Ain.	**An scéal**	**na scéalta**
Gin.	**Tús an scéil**	**tús na scéalta**

Ain.	**An t-airgead**
Gin.	**a lán airgid**

Cleachtaí le déanamh ...

Scríobh amach tú féin anois tuisil na n-ainmfhocal seo a leanas – tá siad go léir sa chéad díochlaonadh.

Ainmfhocal	**Tuis. Ain.**	**Tuis. Gin.**	**Tuis. Ain. Iolra**	**Tuis. Gin. Iol.**
Andúileach	An t-andúileach	Cara an andúiligh	Na handúiligh	Cara na n-andúileach
barún				
bochtanas				
capall				
ceantar				
ceol				
clár				
coirpeach				
córas				
corp				
crann		dath an chrainn		
dícheall				
droichead				
easpag				
focal				

Ainmfhocal	Tuis. Ain.	Tuis. Gin.	Tuis. Ain. Iolra	Tuis. Gin. Iol.
fómhar				
foréigean				
friotal				
leabhar				
leanbh				
milseán				
ocras				
oideachas				
páipéar			na páipéir	
pictiúr				
pobal				
post				
príosún				
rialtas				
rothar				
saibhreas				
samhradh				
tamall				
teaghlach				máithreacha na dteaghlach
ticéad				
údar				

An Dara Díochlaonadh

Tá an chuid is mó de na hainmfhocail seo **baininscneach,** agus críochnaíonn siad ar **chonsan.**

Chun an ginideach uatha a chumadh, caolítear an consan deiridh (más gá), agus cuirtear -e leis.

Ain.	Tá **an fhuinneog** dúnta	Tá **na fuinneoga** dúnta
Gin.	gloine **na fuinneoige**	gloine **na bhfuinneog**
Ain.	Tá **an charraig** mór	tá **na carraigeacha** mór
Gin.	dath **na carraige**	dath **na gcarraigeacha**
Ain.	**An chlann**	**na clanna**
Gin.	máthair **na clainne**	máithreacha **na gclann**
Ain.	Tá **an aimsir** go maith	
Gin.	réamhaisnéis **na haimsire**	
Ain.	Tá an áit go hálainn	**na háiteanna**
Gin.	muintir **na háite**	muintir **na n-áiteanna**
Ain.	Tá **an tseachtain** fada	**na seachtainí**
Gin.	i rith **na seachtaine**	i rith **na seachtainí**
Ain.	Tá **an tsráid** salach	**na sráideanna**
Gin.	ainm **na sráide**	ainmneacha **na sráideanna**
Ain.	Tá **an bhaintreach** anseo	tá **na baintreacha** anseo
Gin.	caint **na baintrí**	caint **na mbaintreach**

Aire!

Má thosaíonn an t-ainmfhocal le **d** nó **t**, ní chuirtear séimhiú air sa tuiseal ainmneach –

an duais **an tuairim**

An bhfuil a fhios agat?

Tá an chuid is mó de na tíortha agus de na teangacha baininscneach agus baineann siad leis an Dara Díochlaonadh.

An Spáinn	**muintir na Spáinne**
An Spáinnis	**ag foghlaim Spáinnise**
An Fhrainc	**muintir na Fraince**
An Fhraincis	**ag foghaim Fraincise**
An Ghearmáin	**muintir na Gearmáine**
An Ghearmáinis	**ag foghlaim Gearmáinise**

Cleachtaí le déanamh ...

Scríobh amach tuisil na n-ainmfhocal seo go léir – tá siad go léir sa dara díochlaonadh agus baininscneach.

Ainmfhocal	**Tuis. Ain.**	**Tuis. Gin.**	**Tuis. Ain. Iolra**	**Tuis. Gin. Iol.**
abairt	An abairt	Tús na habairte	Na habairtí	Tús na n-abairtí
agóid				
aidhm				
abairt				
aisling				
aois		tús na haoise		
bréag				
caibidil				
caint				
céim				
ceist				
cúirt			na cúirteanna	

Ainmfhocal	Tuis. Ain.	Tuis. Gin.	Tuis. Ain. Iolra	Tuis. Gin. Iol.
duais				
fadhb				
feirm				
foireann				
foirm				
fuaim				
gaoth				
gealach				
grian				
gruaig				
maidin				
obair				
ócáid				
páirc				geataí na bpáirceanna
pingin				
scoil				
stailc				
stoirm				
tonn				

An Tríú Díochlaonadh

Críochnaíonn ainmfhocail an Tríú Díochlaonadh ar **chonsan.** Sa Ghinideach Uatha cuirtear **-a** leis an ainmfhocal; más caol don chonsan deiridh leathnaítear é.

Is féidir trí mhór-roinn a dhéanamh de na hainmfhocail:

1) Ainmfhocail Phearsanta a chríochnaíonn ar -óir, -éir, -úir:

bádóir, múinteoir, feirmeoir. Tá siad firinscneach.

2) Ainmfhocail Theibí a chríochnaíonn ar -(e)acht nó -(a)íocht:

filíocht, litríocht, aidiacht. Tá siad baininscneach.

3) Ainmfhocail eile atá firinscneach nó baininscneach, de ghnáth, de réir mar a chríochnaíonn siad ar chonsan leathan nó ar chonsan caol: tréad (f), feoil (b)

Tá tréaniolraí -í, -aí, -anna, -acha ag formhór na n-ainmfhocal sa Tríú Díochlaonadh

	Uatha	Iolra
Ain.	**Tá an múinteoir** anseo	tá **na múinteoirí** anseo
Gin.	mála **an mhúinteora**	málaí **na múinteoirí**
Ain.	Tá **an ceacht** éasca	tá **na ceachtanna** éasca
Gin.	tús **an cheachta**	tús **na gceachtanna**
Ain.	tá **an chumhacht** aige	**na cumhachtaí** móra
Gin.	méid **na cumhachta**	méid **na gcumhachtaí**
Ain.	Tá **an fhuil** dearg	
Gin.	tá sé ag cur **fola**	
Ain.	Tá **an t-am** istigh	**na hamanna**
Gin.	i rith **an ama**	i rith **na n-amanna**
Ain.	Tá **an fhilíocht** go deas	
Gin.	tús **na filíochta**	

Cleachtaí le déanamh ...

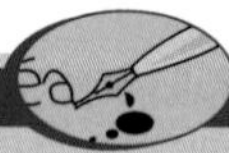

Scríobh amach tuisil na n-ainmfhocal seo go léir – tá siad go léir sa tríú díochlaonadh.

Ainmfhocal	Tuis. Ain.	Tuis. Gin.	Tuis. Ain. Iolra	Tuis. Gin. Iol.
bainisteoir	An bainisteoir	Ainm an bhainisteora	Na bainisteoirí	Ainmneacha na mbainisteoirí
bliain				
buachaill				máthair na mbuachaillí
cáilíocht				
cruth				
dlíodóir		ainm an dlíodóra		
dochtúir				
éad				
éifeacht				
fáth				
fiaclóir				
fuath				
guth				
litríocht				
meas				
poblacht				
polaitíocht				
rang			na ranganna	
rás				
síocháin				
smacht				
tábhacht				

An Ceathrú Díochlaonadh

1) Is ionann foirm do na tuisil go léir.
2) Críochnaíonn an t-ainmfhocal ar **-ín** nó ar **ghuta** san Uimhir Uatha.
3) Tá tréaniolraí ag na hainmfhocail go léir – críochnaíonn siad ar **-í, -te, -the, -anna** de ghnáth.
4) Is firinscneach d'fhormhór na n-ainmfhocal.

Ain.	fuair **an cailín** duais	fuair **na cailíní** duais
Gin.	duais **an chailín**	duais **na gcailíní**
Ain.	tá **an mála** lán	tá **na málaí** lán
Gin.	dath **an mhála**	dath **na málaí**
Ain.	tá **an t-ainmhí** marbh	tá **na hainmhithe** marbh
Gin.	bás **an ainmhí**	bás **na n-ainmhithe**
Ain.	tá **an aiste** sin go maith	tá **na haistí** go maith
Gin.	tús **na haiste**	tús **na n-aistí**
Ain.	bhí **an tsleá** briste	bhí **na sleánna** briste
Gin.	briseadh **na sleá**	briseadh **na sleánna**
Ain.	tá **an fhírinne** searbh	tá **na fírínní** searbh
Gin.	seirbhe **na fírinne**	seirbhe **na bhfírínní**

Cleachtaí le déanamh ...

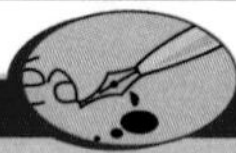

Scríobh amach tuisil na n-ainmfhocal seo go léir – tá siad go léir sa cheathrú díochlaonadh.

Ainmfhocal	**Tuis. Ain.**	**Tuis. Gin.**	**Tuis. Ain. Iolra**	**Tuis. Gin. Iol.**
bata	An bata	Dath an bhata	Na bataí	Dath na mbataí
béile				
cluiche				
coláiste				
dalta				
farraige		trasna na farraige		
file				
gadaí				
garda				
gloine				
oibrí				
oíche			na hoícheanta	
páiste				
rógaire				
saoirse				
siopa				
teanga				
timpiste				cúis na dtimpistí
tine				
toitín				
uisce				

An Cúigiú Díochlaonadh

Níl a lán ainmfhocal sa chúigiú díochlaonadh.

1) San Ainmneach Uatha críochnaíonn siad ar chonsan caol (-in, -ir, -il) nó ar ghuta.

2) Sa Ghinideach uatha críochnaíonn siad ar chonsan leathan.

3) Is baininscneach d'fhormhór na n-ainmfhocal.

4) Tá tréaniolraí acu.

Ainmfhocail a chríochnaíonn ar -in, -ir, -il

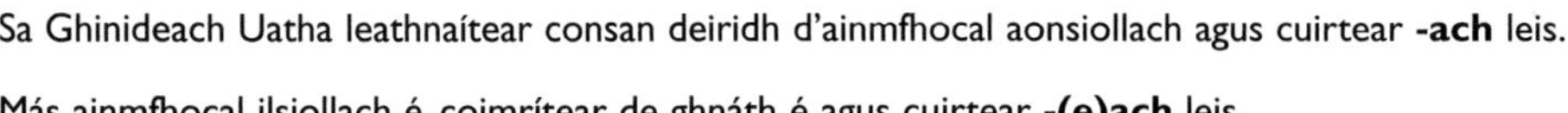

Sa Ghinideach Uatha leathnaítear consan deiridh d'ainmfhocal aonsiollach agus cuirtear **-ach** leis.

Más ainmfhocal ilsiollach é, coimrítear de ghnáth é agus cuirtear **-(e)ach** leis.

Ain.	níl **an cháin** íoctha agat	níl **na cánacha** íoctha agat
Gin.	airgead **na cánach**	airgead **na gcánacha**
Ain.	tá **an riail** i bhfeidhm anois	tá **na rialacha** i bhfeidhm
Gin.	sárú **na rialach**	sárú **na rialacha**
Ain.	tá **an eochair** agam	tá **na heochracha** agam
Gin.	poll **na heochrach**	poll **na n-eochracha**
Ain.	scríobh mé **an litir**	scríobh mé **na litreacha**
Gin.	clúdach **na litreach**	clúdach **na litreacha**

Ainmfhocail a chríochnaíonn ar ghuta

Ainmfhocail bhaininscneacha a chríochnaíonn ar ghuta cuirtear **-n** leo sa Ghinideach Uatha, agus **-na** leo san iolra.

Ain.	d'fhill **an chomharsa**	d'fhill **na comharsana**
Gin.	filleadh **na comharsan**	filleadh **na gcomharsan**

Ain.	tá **an mhonarcha** ar oscailt	tá **na monarchana** ar oscailt
Gin.	bainisteoir **na monarchan**	bainisteoir **na monarchana**

Cleachtaí le déanamh ...

Scríobh amach tuisil na n-ainmfhocal seo go léir – tá siad go léir sa chúigiú díochlaonadh.

Ainmfhocal	**Tuis. Ain.**	**Tuis. Gin.**	**Tuis. Ain. Iolra**	**Tuis. Gin. Iol.**
abhainn	An abhainn	Trasna na habahnn	Na haibhneacha	Trasna na n-aibhneacha
cabhair				
cara				
cathair		lár na cathrach		
mainistir				
namhaid				
traein				
triail			na trialacha	
uimhir				méid na n-uimhreacha

Ainmfhocail Neamhrialta

Ain.	tá **an deirfiúr** ag caint	tá **na deirfiúracha** ag caint
Gin.	caint **na deirféar**	caint **na ndeirfiúracha**

Ain.	tá **an deartháir** ag caint	tá **na deartháireacha** anseo
Gin.	caint **an dearthár**	caint **na ndeartháireacha**

Ain.	bhí **an mhí** fliuch	bhí **na míonna** fliuch
Gin.	ar feadh **na míosa**	ar feadh **na míonna**
Ain.	tá **an bhean** anseo	tá **na mná** anseo
Gin.	caint **na mná**	caint **na mban**
Ain.	tá **an teach** tógtha	tá **na tithe** tógtha
Gin.	bean **an tí**	mná **na dtithe**
Ain.	tá **an deoch** daor	tá **na deochanna** daor
Gin.	praghas **na dí**	praghas **na ndeochanna**
Ain.	tá **an leaba** mór	tá **na leapacha** mór
Gin.	taobh **na leapa**	taobh **na leapacha**
Ain.	tá **an talamh** go dona	tá **na tailte** go dona
Gin.	féar **an talaimh/na talún**	féar **na dtailte**
Ain.	tá **an t-athair** anseo	Tá **na haithreacha** anseo
Gin.	in ainm **an athar**	in ainm **na n-aithreacha**
Ain.	tá **an mháthair** ag caint	tá **na máithreacha** ag caint
Gin.	caint **na máthar**	caint **na máithreacha**

Aire duit!

Is í **Éire** mo thír dhúchais

Táim i mo chónaí **in Éirinn**

Muintir **na hÉireann**

CAIBIDIL 17
Aidiacht agus Ainmfhocal

Leanann an aidiacht an t-ainmfhocal de ghnáth, agus réitíonn sí leis de réir Tuisil, Inscne agus Uimhreach.

Má chríochnaíonn an t-ainmfhocal ar chonsan caol san uimhir iolra bíonn séimhiú ar an aidiacht – na fir mhóra, na bacaigh bhochta

Tá trí dhíochlaonadh den aidiacht ann.

1) **An chéad díochlaonadh den aidiacht: críochnaíonn siad ar chonsan (ach amháin -úil)**

Sa ghinideach uatha firinscneach, más ar chonsan leathan a chríochnaíonn an aidiacht caolaítear an aidiacht ionas go gcríochnaíonn sí ar chonsan caol: –

Ain.	tá **an fear mór** ag caint	tá **na fir mhóra** ag caint
Gin.	hata **an fhir mhóir**	hata **na bhfear mór**
Ain.	tá **an t-athair ciúin** ag caint	tá **na haithreacha ciúine** ag caint
Gin.	caint **an athar chiúin**	caint **na n-aithreacha ciúine**
Ain.	tá **an fear saibhir** anseo	**na fir shaibhre**
Gin.	hata **an fhir shaibhir**	hata **na bhfear saibhir**

Sa ghinideach uatha firinscneach déantar -aigh de -ach

Ain.	tá **an fear uaigneach** ag caint	tá **na fir uaigneacha** ag caint
Gin.	hata **an fhir uaignigh**	hata **na bhfear uaigneach**

Sa ghinideach uatha baininscneach caolaítear consan deiridh na haidiachta más gá agus cuirtear -e leis:

Ain.	tá **an tine mhór** ar lasadh	tá **na tinte móra** ar lasadh
Gin.	lasracha **na tine móire**	lasracha **na dtinte móra**

Ain.	tá **an bhean chiúin** ag caint	tá **na mná ciúine** ag caint
Gin.	caint **na mná ciúine**	caint **na mban ciúin**

Ain.	**an bhean shaibhir**	**na mná saibhre**
Gin.	caint **na mná saibhre**	caint **na mban saibhir**

Sa ghinideach uatha baininscneach déantar -aí de -ach

Ain.	tá **an bhean uaigneach** ag caint	tá **na mná uaigneacha** ag caint
Gin.	caint **na mná uaigní**	caint **na mban uaigneach**

Ain.	tá **an choill chraobhach** go deas	tá **na coillte craobhacha** go deas
Gin.	crainn **na coille craobhaí**	crainn **na gcoillte craobhacha**

2) Aidiachtaí a chríochnaíonn ar -úil

Firinscneach

Ain.	**an fear misniúil**	**na fir mhisniúla**
Gin.	ainm **an fhir mhisniúil**	ainmneacha **na bhfear misniúil**

Baininscneach

Ain.	**an bhean mhisniúil**	**na mná misniúla**
Gin.	ainm **na mná misniúla**	ainmneacha **na mban misniúil**

3) An Tríú Díochlaonadh – críochnaíonn siad ar ghuta agus bíonn an fhoirm chéanna aici tríd síos

Ain.	**an fear cliste**	**na fir chliste**
Gin.	hata **an fhir chliste**	hataí **na bhfear cliste**
Ain.	**an oíche fhada**	**na hoícheanta fada**
Gin.	i rith **na hoíche fada**	i rith **na n-oícheanta fada**

An Uimhir Iolra

Má bhíonn lagiolra ag an ainmfhocal bíonn lagiolra ag an aidiacht agus má bhíonn tréaniolra ag an ainmfhocal bíonn tréaniolra ag an aidiacht chomh maith, is cuma má tá na hainmfhocail baininscneach nó firinscneach:

na fir mhóra hata **na bhfear mór**	**na fuinneoga móra** leic **na bhfuinneog mór**
na bádóirí ciúine bád **na mbádóirí ciúine**	**na cathracha beaga** muintir **na gcathracha beaga**
na haithreacha ciúine caint **na n-aithreacha ciúine**	**na mná ciúine** caint **na mban ciúin**
na fir uaigneacha caint **na bhfear uaigneach**	**na coillte craobhacha** crainn **na gcoillte craobhacha**

Cleachtaí le déanamh ...

1) **Athscríobh na habairtí seo a leanas:**

a) mac (an bhean óg) ____________________

b) ar aghaidh (an teach mór) ____________________

c) ceann (an capall bán) ____________________

d) trasna (an pháirc ghlas) ____________________

e) in aice (an abhainn mhór) ____________________

2) **Athscríobh na habairtí seo a leanas:**

a) teach (an rí leisciúil) ____________________

b) in aice (an tine mhór) ____________________

c) geata (an séipéal dubh) ____________________

d) dath (an sionnach santach) ____________________

e) dath (an ghrian bhuí) ____________________

3) **Athscríobh na habairtí seo a leanas:**

a) máthair (an garsún beag) ____________________

b) muintir (an tuath ghlas) ____________________

c) i lár (an tsráid mhór) ____________________

d) nead (an t-éan beag) ____________________

e) máthair (na buachaillí móra) ____________________

4) **Athscríobh na habairtí seo a leanas:**

a) cara (na fir mhóra) ____________________

b) bean (an fear santach) ____________________

c) fear (an bhean leisciúil) ____________________

d) cara (an fear tábhachtach) ____________________

e) dánta (na filí maithe) ____________________

5) Athscríobh na habairtí seo a leanas:

a) leabhair (an t-údar uafásach) ____________________

b) tús (an aiste fada) ____________________

c) múinteoir (an scoil mhaith) ____________________

d) tús (na dánta uafásascha) ____________________

e) páistí (an mháthair thuirseach) ____________________